Self Creation

자기
창조
조직

이홍 honglee@kw.ac.kr

고려대학교 경영학과를 졸업하고 카이스트에서 경영과학 석사 및 박사학위를 취득하였다. 카이스트 재학시절부터 변화와 혁신 그리고 창조에 대한 본격적인 공부를 시작하였다. 한국인사조직학회 편집위원장과 한국지식경영학회장을 역임하였으며, 정부혁신관리위원회 위원장직을 수행하면서 정부혁신에도 관여하였다. 현재는 광운대학교 경영대학장을 맡고 있다. 저서로는《한국 기업을 위한 지식경영》(1999),《지식점프》(2004),《지식과 창의성 그리고 뇌》(2005) 등이 있다.

자기창조 조직
−항상 새로워지는 조직의 비밀

2008년 2월 25일 초판 1쇄 발행
2010년 8월 16일 초판 4쇄 발행

지 은 이 | 이홍
펴 낸 곳 | 삼성경제연구소
펴 낸 이 | 정기영
출판등록 | 제302-1991-000066호
등록일자 | 1991년 10월 12일
주　　소 | 서울시 서초구 서초2동 1321-15 삼성생명 서초타워 30층
　　　　　전화 3780-8153(기획), 3780-8084(마케팅)
　　　　　팩스 3780-8152
　　　　　http://www.seri.org　　seribook@seri.org

ⓒ 이홍 2008
ISBN | 978-89-7633-373-5　03320

- 이 책은 저작권법에 따라 보호받는 저작물이므로 무단전재와 무단복제를 금지하며, 이 책 내용의 전부 또는 일부를 이용하려면 반드시 저작권자와 삼성경제연구소의 서면동의를 받아야 합니다.

- 가격은 뒤표지에 있습니다.
- 잘못된 책은 바꾸어 드립니다.

삼성경제연구소 도서정보는 이렇게도 보실 수 있습니다.
홈페이지(http://www.seri.org) → SERI 북 → SERI가 만든 책

Self Creation

자기
창조
조직

이홍 지음

삼성경제연구소

저자 서문

나는 참 운이 좋다고 생각한다. 변화나 혁신 그리고 이 책의 핵심 개념인 자기창조와 같은 주제에 대해 공부하는 사람들은 항상 고통 속에서 산다. 이유는 이들 현상을 관찰할 기회가 좀처럼 주어지지 않기 때문이다. 설사 그런 기회를 얻었다고 해도 몇 번의 인터뷰로 그칠 때가 많다. 깊이 있는 통찰을 얻기 위해서는 실제 경험의 밑바닥까지 도달해야 한다. 자연히 많은 관찰이 필요하다. 하지만 이런 수준으로 자신들을 적극적으로 개방해주는 조직을 찾기란 하늘의 별따기다. 27년이 넘게 변화니 혁신이니 하는 주제를 가지고 공부한 나에게도 정말 쓸 만한 사례와 이것을 깊이 들여다볼 수 있는 기회는 몇 번 안 되었다. 이 책은 오랜만에 그런 한계를 넘어선 것이다. 그러니 나는 운이 좋다고 할 수밖에 없다. 이럴 때의 감정을 무엇에 비유할 수 있을까? 오랜 시간 강물만 바라보던 강태공이 고기를 낚아챌 때의 손맛이라고 할까?

이 책은 기본적으로 사례를 개념화 하고 이론화 하는 형태를 띠고 있다. 대상이 되는 조직은 정부 조직 중의 하나인 관세청이다. 관세청은 우리나라 국경관리의 최일선 기관이다. 이곳에서 수출과 수입의 통관이 이루어지고, 밀수나 짝퉁 또는 마약의 유입을 막는 국경방어가 행해지고 있다. FTA와 같은 무역환경 변화에도 적극적으로 대응해야 하는 조직이다. 그만큼 국가적으로 차지하는 비중이 매우 크다. 이 관세청이 엄청난 변화를 시도하였다. 원래부터 관세청은 변화에 민감한 조직이다. 하지만 최근의 노력은 그 정도가 심상치 않다. 자기창조라는 단어를 붙여도 어색하지 않을 만한 큰 변화가 일어났다. 이것들이 어떻게 일어났는지 그리고 어떻게 유지되고 있는지를 설명한 것이 이 책이다.

크게 네 가지의 주제가 이 책에 담겨 있다. 우선 자기창조라는 현상이 무엇이며 자기창조의 기본 원리가 무엇인가를 설명했다. 다음으로, 자기창조를 처음 시작하는 조직들이 어떻게 해야 성공적으로 첫발을 뗄 수 있는지와, 자기창조 조직을 만들기 위해 필수적으로 갖추어야 할 조건이 무엇인지를 설명했다. 마지막으로, 일회성의 자기창조가 아닌 반복적인 자기창조를 위하여 무엇을 해야 하는지를 설명했다.

이 책을 쓰면서 몇 가지 원칙을 지키려고 노력했다. 첫째, 전문적인 시각을 잃어서는 안 된다. 이 책은 수필이나 소설과 같은 목적으로 쓰이지 않았다. 변화에 목말라 하는 조직들에게 하나의 해답을 제시하기 위하여 쓰였다. 이 분야의 전문가나 전문적 해답을 찾고 있는 사람들에게 필요한 책이 되도록 구성했다. 둘째, 주장을 펼 때는 확실한 증거를 댈 수 있어야 한다. 이 책은 주장이 있으면 증거를 대는 방식으로 구성되었다. 각 장에는 그 장에서 다루려고 하는 주장들이 들어 있다. 가능하면 빠뜨리지 않고 이들 주장에 대한 증거를 대려고 노력했다. 셋째, 새로운 개념이 있어야 한다. 이 책에서는 다른 책에서는 볼 수 없는 새로운 개념들이 들어 있다. 개념변경, 삶의 지배자, 일차 메커니즘, 이차 메커니즘, 미시적 불안정성 생성 메커니즘, 자기창조 반복장치 들이 예가 된다. 새로운 개념들에 대하여는 자세한 설명과 예를 들었다. 넷째, 가능하면 쉬워야 한다. 누군가 이런 말을 했다. 어려운 말을 섞어 쓰면 유식하게 보이지만 실제로는 아무것도 모르는 사람이라고. 이런 비난으로부터 벗어나기 위하여 무진장 애를 썼다. 하지만 나는 아직도 모르는 것이 많다는 것을 책을 쓰면서 절실히 느꼈다. 아무리 쉽게 쓰려고 해도 자꾸 어려워지는 단어와 문장은 나의 한계를 여실히 드러냈다. 그럼에도 쉽게 써보려고 발버둥에 가까운 노력을 했음을 널리 이해해주기 바란다.

어쩌면 책의 일부 이야기에 고개를 갸웃하는 독자들도 있을지 모른다. 반대의 경험증거를 가지고 있거나 관세청의 변화 수준이 기대에 미치지 못한다고 생각하는 분들일 것이다. 하지만 관세청의 모든 변화를 편린에 기초하여 예단하지 말아주었으면 좋겠다. 한 조직이 아무리 열심히 변화를 했다고 해도 미세한 부분에서의 문제는 항상 있는 법이고 기대수준에 미치지 못하는 경우도 많기 때문이다. 만일 문제가 발견되었거나 좀더 높은 수준의 서비스가 필요하다고 생각되면 곧바로 관세청에 연락을 취할 것을 권하고 싶다. 관세청은 이들을 즉시 수정하는 체제를 갖추고 있기 때문이다.

책을 쓰는 데 많은 분들의 도움이 있었다. 관세청의 성윤갑 청장님으로부터는 자기창조를 구축하는 방법에 관한 구체적인 영감을 얻었다. 박진헌 차장님으로부터는 책을 쓰는 동안 부드러움과 편안함을 얻을 수 있었다. 손병조, 천홍욱, 정재열, 김기영 국장님들로부터는 실감 나는 실전 이야기를 전해들을 수 있었다. 박철구, 이명구 과장님으로부터는 자료수집과 논리적 정연함을 도움받았다. 김시동, 임근철, 김연종 사무관님과 전병희 주사님이 없었다면 현장의 방대한 자료를 모으지 못했다.

글을 쓰면서 구체적인 이름을 밝히지 못한 곳이 많다. 글의 주인공이 되시는 분들에게도 감사하지 않을 수 없다. 또한 밤을 새워 글을 쓰는 남편의 곁에서 항상 신선한 오아시스가 되어주었던 아내에게도 감사를 하고 싶다. 새로운 책이 나올 때마다 아들을 한없이 자랑스럽게 여기시던 아버지와 어머니께도 감사의 말씀을 전한다. 이 책의 출간은 삼성경제연구소 없이는 불가능했다. 책의 출판을 허락해주신 정구현 소장님과 번거로운 출간 일을 맡아주신 임진택 팀장님에게도 감사의 말씀을 전하고 싶다.

마지막으로, 항상 그러하지만 부족함에 목말라 하는 나에게 네 그릇은 이 정도라고 못 박으시는 하나님께도 감사의 말씀을 전한다.

광운대학교 연구실에서
이홍

차례

저자 서문 ...4

Part 1 자기창조와 기본 원리

Chapter 1 자기창조의 세계
자기창조 ...15
자기창조 스펙트럼과 관찰대상 ...19
자기창조의 실례 ...21

Chapter 2 자기창조의 원리
버리는 학습과 채우는 학습 ...27
버림과 채움의 대상 ...30
갭 인식 ...34
삶의 지배자 변경 ...38
관세청의 변화 ...41

Chapter 3 버림과 채움의 방향성 찾기
정신모형의 변경 ...48
개념세계와 자기참조지표 ...50
개념변경의 위력 ...51
관세청의 개념변경 ...54
개념변경과 비전의 관계 ...57

Part 2 자기창조 조직 첫발 내딛기

Chapter 4 일차 메커니즘 작동시키기
자기창조의 시작 ···61
일차 메커니즘과 이차 메커니즘 ···66
일차집단의 개방화 ···72

Chapter 5 자기창조 성공체험
상징적 과제 선정하기 ···78
과제의 성공조건 만들기 ···79
성공체험을 위한 과제 전열 배치하기 ···82
과제해결팀에 건전한 긴장감 조성하기 ···83
과제의 중간성과를 주위에 알리기 ···84
최고의사결정자의 지속적인 몰입 유지하기 ···85

Chapter 6 이차 메커니즘과 수직적 공진화를 위한 장치
수직적 공진화와 이차집단의 동기화 ···89
객관화된 설득 증거 ···92
인지적 소통 ···93
최고의사결정자와 핵심계층의 촉매활동 ···98
신경망체계 구축 ···100
자극체계 구축 ···102
자원의 집중 ···106

Chapter 7 이차집단 내에서의 공명

    수평적 공진화   ···109
    이차집단에서의 단기 성공체험   ···111
    건전한 경쟁과 공유학습   ···114
    신뢰 형성   ···116

Part 3 자기창조 조직의 조건

Chapter 8 자기창조 조직과 미시적 불안정성

    미시적 불안전성과 거시적 안정성   ···122
    한국의 외환위기를 통한 예시   ···126
    미시적 불안정성의 구성요인   ···130

Chapter 9 미시적 불안정성 생성 메커니즘

    연결과 비대칭성의 생성   ···136
    자기객관화, 자기재량과 심리적 안정   ···139
    수직적, 수평적 및 네트워크적 연결   ···143

Chapter 10 미시적 불안정성의 실제

    사례 1: 항공기 출항 취소에 따른 재입국절차 변경   ···154
    사례 2: 국제우편물 홈 통관시스템   ···158
    사례 3: 권리사용료 심사방식의 변경   ···165

Part 4 지속적인 자기창조

Chapter 11 자기창조 반복장치
자기창즈 메커니즘 ···176
자기창즈 반복장치의 구체화 ···178

Chapter 12 확장된 자기창조 반복장치
확장된 자기창조 반복장치의 모습 ···189
동기유발시스템 ···191
평가시스템 ···194
조직적 지원 ···196

Chapter 13 자기창조를 위한 조직정렬
자기창조로의 조직정렬을 위한 세 가지 요소 ···200
가치정렬 ···202
과제정렬 ···211
참조지표정렬 ···214

Chapter 14 쇠퇴하는 조직이 걷는 길
제록스의 몰락 ···222
몰락의 원인 ···225
조직의 쇠퇴 단계 ···228

Self Creation 1
자기창조의 세계

●●● 자기창조

　　　　　드라마에 나오는 연기자들을 보면 신기하다는 생각이 들 때가 많다. 착하디착한 인물을 연기하다가 어느새 파렴치한 인간으로 변신해 있는 연기자들을 보면 그 신기함은 더욱 커진다. 가상의 세계에서 일어나는 배우들의 변신이 실제 세계에서도 자주 일어난다.

　강호동이라는 걸출한 씨름선수가 있었다. 씨름판을 포효하던 그가 어느 날 갑자기 자신이 가장 익숙하던 세상과는 전혀 다른 세상으로 몸을 내던졌다. 강호동은 1988년 민속씨름에 데뷔하여 이듬해 전국 체급별 씨름대회에서 백두장사를 하고, 1990년에는 천하장사가 된 유능한 씨름선수였다. 그후 여러 차례 백두장사와 천하장사 타이틀을 거머쥐면서 씨름계의 기린아로 우뚝 서게 된다. 그러던 그가 1993년 갑작스럽게 자신의 인생 항로를 개그맨으로 전환했다. 그리고 1995년에 〈TV저널〉 올해의 스타상을 받고, 2003에는 백상예술대상 TV 예능상을 받게 된다. 내로라하는 방송국에서 MC 부문 특별상을 수상하기도 했다. 강호동의 변신은 연기자들의 연기 변신과는 비교도 안 될 만큼 극적인 것이었다.

또 다른 씨름선수가 있다. 최홍만이라는 거인이다. 그 역시 2003년 가장 무거운 체급인 백두급에서 신인상을 받으면서 화려한 스포트라이트를 받은 선수였다. 이후로 백두장사와 천하장사를 수차례 거머쥔 한국의 대표적인 씨름꾼이 바로 최홍만이었다. 그러던 그가 2005년 갑작스럽게 이종격투기 선수로 진로를 바꾸었다. 그해 그는 K1 월드그랑프리 서울대회에서 우승을 하는 이변을 일으킨다.

현실 세계에 존재하는 인물은 아니지만, 강호동이나 최홍만과 유사한 예를 찰스 디킨스(Charles Dickens)의 소설 《크리스마스 캐롤 A Christmas Carol》에서도 찾아볼 수 있다. 이 소설에 나오는 스크루지라는 인물은 고약하기가 이루 말할 수 없는 수전노다. 오랫동안 자신과 동고동락하며 장사를 했던 친구의 장례식 날에도 그는 가게 문을 연다. 살을 에는 듯한 추위에도 돈이 아까워서 절대 난롯불을 피우지 않는 인물이 스크루지다. 유일한 피붙이인 조카라도 돈 문제라면 생판 모르는 남 대하듯 한다. 거지도 그에게는 구걸을 하지 않는다. 이런 스크루지가 어느 날 전혀 딴 사람으로 바뀐다는 것이 소설의 주된 내용이다. 길거리를 지나는 사람들에게 정겨운 인사를 보내고, 어려운 사람들에게 자신이 피땀

흘려 번 돈을 쾌척하고, 대면 대면하던 조카에게는 그지없는 삼촌으로 변신한다.

이런 일이 사람에게만 일어나는 것은 아니다. 삼성전자는 본래 가전제품을 조립하던 회사였다. 하지만 이제는 세계적인 부품회사로 탈바꿈하였다. 한때 자신의 주력품이었던 가전제품이 아닌 반도체와 TFT 모듈 같은 부품사업에서 세계적 기업이 되었다. LG전자는 세계시장에서 이름조차 알려지지 않는 기업이었다. '골드스타'라는 초라한 브랜드에 OEM으로 간신히 연명하던 이 회사가 오늘날 백색가전 분야의 세계 3대기업으로 우뚝 서게 되었다. LG전자의 '휘센 에어컨'은 수년째 전 세계에서 시장점유율 1위를 차지하고 있다. 핀란드의 노키아는 펄프와 고무 그리고 전선을 만들던 중소기업이었다. 하지만 이 회사는 전 세계에서 사용되는 핸드폰의 30% 이상을 공급하는 세계 제일의 핸드폰 제조업체로 변신했다.

강호동과 최홍만, 스크루지, 삼성전자와 LG전자, 그리고 노키아의 공통점은 무엇일까? 이들은 씨름선수, 소설 주인공, 다양한 사업방식 그리고 사람과 기업이라는 차이가 있지만 한 가지 분명한 공통점이 있다. 모두 극적인 자기변화를 통해 새로운 자신을 성공적으로 창조한 예라는 점이다.

나는 이러한 현상을 '자기창조'라는 단어로 표현하고자 한다. 물론 강호동에서 노키아에 이르는 자기창조 방식이 모두 동일한 것은 아니다. 강호동의 경우는 자신의 생존영역을 완전히 바꾼 예다. 그는 씨름선수의 생존영역에서 개그맨이라는 새로운 생존영역으로 들어갔다. 스크루지의 경우는 강호동의 반대편에 있다. 생존영역은 그대로 유지하되, 자신의 행동패턴을 180도 변화시킨 예다. 최홍만은 두 사람의 중간 쯤에 해당한다. 씨름선수에서 이종격투기 선수로 전환했지만, 크게 보면 그는 스포츠라는 생존영역을 유지하고 있다.

삼성전자와 LG전자 그리고 노키아도 자기창조 스펙트럼이 다르다. 우선 노키아는 강호동과 유사한 변화를 꾀했다. 생존영역의 변화를 통해 자기창조를 했다. 기존의 사업을 버리고 전혀 다른 영역에서 새로운 자신을 만들어낸 것이다. LG전자는 스크루지와 유사한 변화를 했다. 전자회사의 생존영역을 유지하되, 과거의 행동패턴에 커다란 변화를 준 경우다. 삼성전자는 두 기업의 중간쯤에 해당한다. TV나 냉장고와 같은 완제품 조립의 비중을 줄이는 대신 부품생산의 비중을 늘려 제품 영역에 변화를 주었다. 하지만 큰 범주에서 보면 전자산업이라는 생존영역을 유지하고 있다. 〈그림 1-1〉이 지금까지의 설명을 표현하고 있다.

그림 1-1 자기창조 스펙트럼

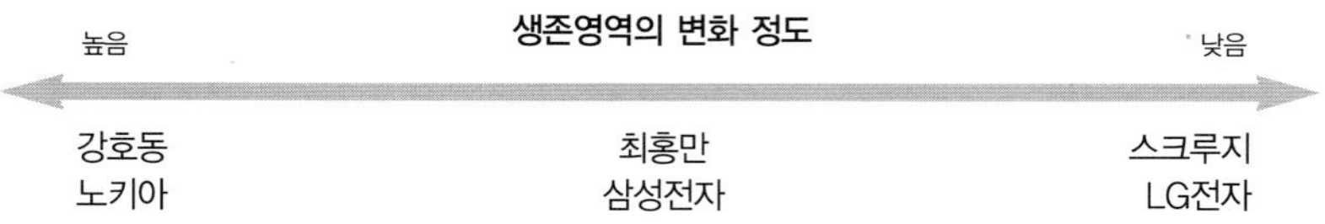

높음	생존영역의 변화 정도	낮음
강호동 노키아	최홍만 삼성전자	스크루지 LG전자

●●● **자기창조** 스펙트럼과 **관찰대상**

　　　　　　　　　　　　자기창조 현상은 어떻게 일어나는 것일까? 강호동, 최홍만, 스크루지, 삼성전자와 LG전자 그리고 노키아가 자기 자신을 극적으로 변화시킨 원리는 무엇일까? 나는 이 질문에 답을 해보고 싶다. 이 책이 쓰여진 이유이기도 하다.

　하지만 문제가 하나 있다. 〈그림 1-1〉이 보여주는 것처럼 자기창조의 스펙트럼은 넓다. 어떤 현상의 스펙트럼이 넓어지면 이를 하나의 틀 속에서 설명하기가 쉽지 않다. 생존영역이 크게 바뀌는 자기창조는 기존의 영역을 정리하고 새로운 영역으로 진입하는 현상이 나타난다. 따라서 상당수의 새로운 구성원들이 필요하게 되고, 일하는 방식 자체도 전혀 다르게 전개되어야 한다. 기업이라면 사업의 매각과 인수, 그리고 새로운 경영패턴의 구축이 자기창조의 핵심에 놓이게 된다. 기존의 생존영역을 유지하는 경우에는 상황이 달라진다. 생존영역이 바뀌는 것이 아니므로 행동패턴의 변경이 자기창조의 핵심으로 등장하게 된다.

　이렇게 서로 다른 성질을 갖는 현상의 원리를 한꺼번에 설명하기란 복잡할뿐더러 혼란스러울 수도 있다. 당연한 말이지만, 사람의 자기창조와 조직의 자기창조에 대해서도 이와 유사하게 말할 수 있다. 조직에서 일어나는 자기창즈 현상은 개인에게 일어나는 현상에 비해 훨씬 복잡하다. 조직은 많은 사람들이 그물망으로 연결되어 있고 개인과는 다른 목적으로 움직이기 때문이다. 한 사람의 변화만으로 조직 전체가 바뀔 수는 없다. 그래서 사람에게 일어나는 일과 조직에서 일어나는 일은 다르게 설명되어야 한다.

　이런 어려움을 피하면서 일관된 하나의 이야기를 전개하기 위해서는 자기창조 스펙트럼 중 어느 한군데에 집중해야 하며 설명의 단위 역시 하나로 고정되어야 한다. 그래서 이 책에서는 자신의 생존영역을 유지하면서 일어나는 조직 차원의 자기창조에 관심을 갖는다. 자기창조 스펙트럼상에서 보면 LG전자와 같은 자기창조에 관심을 갖는다는 말이다.

　그렇다고 다른 종류의 자기창조 현상과 완전히 선을 긋겠다는 의미는 아니다. 자기창조의 형태가 다르다고 하더라도 차이점 못지않게 공통점도 찾아볼 수 있기 때문이다. 따라서 본래 의도를 크게 벗어나지 않는 범위 내에서 다른 종류의 자기창조 현상을 인용하는 경우도 종종 있을 것이다. 여기에는 사람에게 일어난 자기창조와 그 외의 다른 조직에서 일어난 자기창조의 예들이 포함된다. 자기창조라는 현상에 익숙하지 않은 독자들에게 쉽게 설명하기 위한 목적도 있다.

　또 하나 언급해야 할 것이 있다. 이 책에서는 여러 조직이 아닌 한 조직의 사례를 집중적으로 살펴보고자 한다. 그 이유는 두 가지다. 첫째는 한 조직을 깊이 있게 관찰하면 그 조직의 변화를 시간의 흐름에 따라 살펴볼 수 있기 때문이다. 시간의 전개에 따라 한 조직에서 시시각각으로 일어나는 일들을 살펴보면 사실성이 극대화된다. 둘째는 한 조직의 변화를 쫓다보면 왜 그런 현상이 일어났는지를 보다 쉽게 이해할 수 있기 때문이다. 원리를 알아야 다른 조직으로의 전파가 쉬워진다.

　많은 기업이나 조직들이 다른 조직의 예를 벤치마킹하려고 노력한다. 하지만 실제로 그러한 노력이 성공한 예는 많지 않다. 이유는 관찰 대상이 된 조직의 역사적 흐름을 전혀 이해하지 못한 채 특정 시점의 스냅사진만을 보며 자기 조직에 적용하려고 하기 때문이다. 이러한 오류를 최대한 줄여보자는 것이다. 그렇다고 이 방식이 항상 좋은 것은 아니다. 한 조직에서 일어나는 사건이 일반적으로 모든 조직에서 나타나는 현상은 아니기 때문이다.

　이런 점들을 감안하여 나는 이 글을 전개해나갈 것이다. 가능하면 현상을 객관화시켜 원리적 관점에서 설명하고자 한다. 또한 조직 특유의 상황에 기인한 것은 제외할 계획이다.

••• 자기창조의 실례

　　　　　　　　　대상이 되는 조직은 정부 조직의 하나인 관세청이다. 아마 관세청이라는 정부 조직이 생소하게 다가오는 이들도 있을 것이다. 우리나라 경제정책은 크게 재정정책과 무역정책으로 나누어진다. 이 중 재정정책으로는 조세 그리고 무역정책으로는 통관을 맡고 있는 기관이 관세청이다. 이 조직에서 자기창조라는 단어를 붙여도 손색없을 만한 변화가 일어났다. 자기창조 스펙트럼에 비추어볼 때 관세청의 변화는 LG전자의 극적인 변화에 견줄 만하다.

　혹시 독자들 중에는 오래된 기억을 되살리게 될지도 모르겠다. 해외에서 이삿짐을 들여오던 사람들이 소위 칼잡이들에게 붙들려 곤욕을 치렀던 이야기다. 이들은 본래 관세청 직원이 아니라 창고 관리를 하던 사람들이었다. 어쨌든 관세청에서 일하니 관세청에 대한 이미지에 큰 영향을 미친 것은 틀림없다. 이 사람들은 이삿짐이 들어오면 한 손에 커터를 쥐고 무섭게 포장지를 벗겨낸다. 그 안의 내용물이 법에 어긋나는 물건인지, 관세를 얼마나 매겨야 하는지 등을 확인하기 위해서다.

나중에 안 사실이지만, 이들의 기술이 하도 좋아서 칼질을 할 때 포장지만 스칠 뿐 내용물에는 흠이 가지 않았다고 한다. 하지만 지켜보는 주인은 순식간에 가슴이 조마조마해진다. 저러다가 사고 치겠다는 생각이 불현듯 들게 마련이다. 그러면 본능적으로 지갑에 손이 간다. 얼마의 돈이 오가면 그 무섭던 칼질이 멈춘다. 그리고 언제 그랬냐는 듯이 이 사람들의 손길은 매우 부드러워진다. 그렇게 포장지가 벗겨지면 통관절차가 시작된다. 이런 기억이 있는 사람들은 관세청에 대해 부정적 시각을 가질 수 있다.

하지만 관세청은 더 이상 그런 곳이 아니다. 관세청은 180도 바뀌었다. 한 예가 통관서비스다. 관세청의 통관서비스는 세계 최고의 수준에 올라 있다. 공항을 자주 이용하는 사람들은 이 말이 쉽게 이해될 것이다. 밀수 의도가 없는 일반 국민들의 통관 속도는 관세청이 전 세계에서 가장 빠르다. 예전에는 짐 검사를 하기 위해 무조건 늘어섰던 줄이 이제는 특별한 사람들에게만 해당되는 일이 되었다. 그렇다고 불법밀수품이 자유롭게 오가는 것은 아니다. 철저한 모니터링을 통해 불법밀수품 반입도 최소화되고 있다.

그러다 보니 공항에 마중 나온 사람들도 편리해졌다. 예전 같으면 짐 검사를 한다고 줄 서는 시간만큼 기다려야만 했다. 비행기는 이미 한 시간 전에 도착했는데 아직도 사람들이 나오지 않았던 기억들은 이제 사라졌다. 기업에서 관세청과 일하는 사람들은 그 변화를 더욱 크게 느낀다. 한 번의 수입품 통관을 위해 사장 이하 전 직원이 관세청에 매달리던 일은 옛이야기가 되었다. 이제는 기업의 담당직원이 관세청의 파트너다. 그래도 통관에는 아무런 문제가 없다.

이런 예들은 관세청의 변화를 이해하는 데 지극히 피상적인 것에 불과하다. 보다 근본적인 변화가 일어났다. 관세청의 화물 통관 속도는 세계 최고 수준을 자랑한다. 예전에는 9.6일로 전 세계적인 느림보에 속했다. 하지만 세관절차와 관련 수입통관물류시스템(교통체계, 부두운영, 창고업자, 화주의 재고관리 등) 전반을 획기적으로 개선했다.

그 결과, 화물이 입항되어 하역, 운송, 창고입고 후 통관과 반출에 소요되는 시간이 2007년에는 3.9일로 줄어들었다. 이는 세계 최고 수준에 해당된다. 또한 세계 최초로 100% 전자통관시스템을 구축했다. 예전에는 통관을 위해 120여 가지의 서류를 세관 등 관련기관에 제출해야만 했다. 하지만 지금은 모든 것이 전자통관포털시스템으로 이루어진다. 수출은 2분, 수입은 1.5시간 만에 끝나는 시스템이 가동되고 있다.

통관이 빨라지면 그만큼 밀수도 증가한다. 그래서 개발한 것이 밀수동향관리시스템이다. 밀수 관련 상품의 거래량, 국내외 시세동향 그리고 과거 밀수 사례 자료를 분석하여 통계적 상관관계가 있는 지표를 관리함으로써 밀수 적발률을 획기적으로 끌어올렸다. 예전에는 밀수 단속을 위해 100% 수출입 검사를 했다. 이 방법은 밀수를 단단히 막는 효과는 있었지만 억울한 수입업자를 양산하는 역효과도 나타났다. 밀수조사로 수입업자의 화물을 조사하는 동안 상품의 출하시기를 놓치는 경우도 있었다. 하지만 밀수동향관리시스템이 구축된 지금은 검사비율이 5% 미만임에도 적발률은 세계 최고 수준을 자랑한다.

정부 조직에서 이런 변화가 일어났다는 것이 나는 신기했다. 그래서 마음먹고 관찰하기 시작했다. 그 결과, 자기창조 현상이 관세청에서 일어났음을 발견했다. 당연히 궁금증이 생겨나지 않겠는가? 도대체 이 조직에서 무슨 일이 생겨난 것일까? 이러한 의문에 이끌려 나는 이 책을 쓰게 되었다.

관세청이 한국 경제에서 차지하는 비중은 그야말로 막대하다. 기업으로 치자면 관세청은 37조 원의 매출을 올리는 회사나 다름없다. 국경 무역을 통한 조세수입(물품 수입 시 징수하는 관세 및 부가세, 특소세 등 내국세)이 한 해 37조 원에 이르는 거대 조직이다. 여기에 한·미 FTA의 체결로 그 역할이 더욱 중요해졌다. FTA(Free Trade Agreement, 자유무역협정)는 다른 나라의 물건이 한국이나 또는 상대국으로 무관세로 통관하는 그런 단순한 현상이 아니다. 원산지 문제만 봐도 보통 골머리가 아픈 게 아니다.

자동차 원산지를 예로 들어보자. 자동차를 현대자동차에서 조립하면 한국자동차일까? 답은 그리 간단하지 않다. 부품 단위로 내려가면 그야말로 복잡함이 하늘을 찌른다. 볼트 너트는 한국에서 만들어지지 않고 상당량이 수입된다. 이 볼트 너트까지 원산지를 증명해야 한다면, 한국 기업들은 엄청난 일에 시달리게 된다. 이런 일들을 처리할 수 있는 유일한 기관이 관세청이다. 따라서 관세청의 대국민 서비스가 별 볼일 없는 수준이 되면 한국의 미래는 암담해진다. 관세청은 그만큼 중요한 기관이다.

이 기관에서 자기창조가 진행되고 있다. 나는 적어도 관세청에서 일어난 일들은 누군가가 정리할 만한 가치가 있다고 생각했다. 관세청은 관료성을 가질 수밖에 없는 정부 조직의 하나다. 자신에게 주어진 최소 기능만을 수행했다고 해서 문제될 이유가 없다. 하지만 이 조직이 진정으로 남을 우선하는 조직으로 자신을 바꾸었다. 그냥 생색내기 식의 변화가 아니라 세계 최고의 변화가 일어났다. 제공하는 서비스 수준과 일하는 방식이 세계 최고다.

국제항공운송협회(International Air Transport Association ; IATA)와 국제공항협회(Airports Council International ; ACI)의 관세 분야 국제공항 만족도 평가 결과, 2년 연속 세계 1위를 달성했다(2006. 3). 국제관세기구(World Customs Organization;WCO) 169개국 중 지적재산권 보호활동 분야 최우수국 수상을 하기도 했다(2006. 6). 변화의 도사로 불리는 일류 기업들에 견주어도 절대 뒤지지 않을 만큼 멋들어진 변화가 관세청에서 일어났다. 이 과정에 주목하면서 자기창조라는 현상을 이해해보자는 것이다.

한 가지는 염두에 둘 필요가 있다. 이야기가 진행되면서 관세청이 사용한 여러 형태의 기법들도 설명될 예정이다. 고객관계관리(CRM), 균형성과표(BSC), 식스시그마(six sigma)가 그 예다. 그렇다고 여기에 현혹될 필요는 없다. 이런 것들은 관세청에서만 사용된 독특한 도구들이 아닐 뿐만 아니라 책의 핵심과도 무관하다. 중요한 사실은 왜 이런 기법들을 사용하게 되는지에 대한 밑바닥의 이해. 결론적으로 말하자면, 이들 기법들은 자기창조를 위한 보조도구라는 점이다. 우리가 이해해야 하는 것은 자기창조를 어떻게 일으키고 유지하는 것인가에 있지 어떤 도구를 사용했는가에 있지 않다는 말이다. 자기창조의 기본 원리가 충분히 이해되면 도구는 자유스럽게 선택될 수 있다. 필요한 도구들은 우리 주위에 널려 있다. 이 도구들을 조합할 수 있는 사고체계가 중요하다. 내가 관세청에 주목하는 이유는 자기창조에 사용되고 있는 도구나 하위 모듈들이 하나의 사고체계에 묶여 유기적으로 연결되어 있기 때문이다. 이것은 관세청이 자기창조의 기본 원리를 이해하고 있다는 방증이다. 이것에 주목해보자는 것이 나의 생각이다.

Self Creation 2

자기창조의 원리

●●● 버리는 **학습**과 채우는 **학습**

　　　　　　　　　도대체 어떻게 자기창조가 가능할까? 자신을 변화시키는 창조의 기본 속성은 무엇일까? 이런 질문에 대한 답을 얻기 위하여 긴 여정을 가겠지만, 우선 자기창조라는 것이 학습과 밀접한 관련이 있음을 알아둘 필요가 있다. 학습이란 행동의 변화가 비교적 영속적으로 이루어지는 현상을 말한다. 행동의 변화가 일어나되, 이전과는 질적으로 전혀 다른 방식으로 일어나야 자기창조가 일어났다고 말할 수 있다.

　학습은 크게 두 가지로 나눌 수 있다. 하나는 채우는 학습이고 다른 하나는 버리는 학습이다.[1] 우리가 보통 체험하는 학습방식은 채우는 학습이다. 모르는 것을 터득하는 학습이 채우는 학습이다. 유치원에서부터 시작하여 대학에 이르기까지 그리고 직장에 들어가서도 우리는 채우는 학습을 계속하고 있다. 선생님이 가르쳐주는 것, 교과서에 쓰여 있는 것 등은 모두 채우는 학습을 위한 도구다. 조직에서도 이와 유사한 현상이 일어난다. 현대자동차가 포드에게서 자동차 기술을 전수받을 때 채우는 학습이 일어났다. 부품을 조립하고 운반하는 순서 또는 완성차를 검사하는 방식 등을 현대자동차는 포드로부터 배웠다. 필요한 지식이나 행동패턴을 갖고 있지 못할 때 채우는 학습이 필요하다.

버리는 학습은 이와 반대다. 내가 이미 체득하고 있는 무언가를 폐기하는 것이 버리는 학습이다. 마치 쓸모없는 집안의 물건들을 정리하는 것처럼 내가 가지고 있는 생각과 행동을 정리하고 없애는 것이다. 버리는 학습은 이미 습관화된 행동패턴과 지식이 있다는 전제조건 하에서의 학습이다. 이들의 전부 또는 일부를 없애는 것이 요체다.

자기창조는 채우는 학습과 버리는 학습에 의해 일어난다. 다만 이들 학습 사이에는 순서가 있다. 채우는 학습이 일어난 후에 버리는 학습이 진행되는 것이 아니라 버리는 학습이 일어난 후에 채우는 학습이 진행되어야 한다. 이는 자기창조의 핵심은 채우는 것이 아니라 먼저 버리는 것에 있다는 것을 의미한다.

그렇다고 채움이 중요하지 않다는 말은 아니다. 채우는 학습 역시 자

---

1 Hedberg, B.(1981), "How Organizations Learn and Unlearn, in P.C. Nystrom and W.H. Starbuck(eds.)", *Handbook of Organizational Design*(Vol. 1), London : Cambridge University Press.

기창조에 매우 중요한 요소다. 채움은 아무런 지식이나 행동을 갖고 있지 않을 때나 현재 보유하고 있는 지식이나 행동이 부족하여 보완하거나 강화하려고 할 때 중요하다. 하지만 이미 여러 가지 유형의 지식과 행동을 가지고 있으며, 그 지식과 행동이 새로운 것을 받아들이는 데 장애가 된다면 채우는 학습만으로는 자기창조가 불가능하다. 이럴 때는 먼저 버리고 나중에 채워야 한다.

　버리는 학습과 채우는 학습이 유기적으로 연결될 때 자기창조를 경험할 수 있다. 최홍만은 이종격투기 선수가 되면서 씨름계에서 체득했던 기술과 행동패턴을 상당 부분 버려야만 했다. 만일 최홍만이 씨름기술을 버리지 않고 이종격투기에 임했다면 그는 결코 승수를 쌓을 수 없었을 것이다. 버리는 학습이 자기창조에서 중요한 이유가 바로 여기에 있다. 일단 기존의 지식과 행동을 버리고 나면 빠른 속도로 새로운 지식과 행동을 습득해야 한다. 이종격투기를 잘하려면 '니킥(knee kick)'과 같은 새로운 기술이 필요하다. 이것을 연마하는 것이 채우는 학습이다.

　조직의 경우도 마찬가지다. 자기창조의 길로 들어서면 반드시 빠른 속도로 버리고 채워야 한다. 여기서 머뭇거리면 아무런 변화도 이룰 수 없다. 만일 노키아가 펄프와 고무 그리고 전선을 만드는 기술을 그대로 유지하려고 했다면 오늘날의 노키아는 절대 존재할 수 없다. 또한 기존의 지식을 버림과 동시에 이동통신이라는 새로운 기술과 생산방식을 재빠르게 채워 넣지 못했다면 역시 오늘날의 노키아는 존재하지 않는다. 따라서 자기창조를 위해서는 버리는 학습과 채우는 학습의 유기적인 연계가 매우 중요하다.

••• 버림과 채움의 대상

버림과 채움의 대상이 되는 것은 무엇일까? 앞서 지식과 행동이 그 대상이 된다고 언급했는데, 이를 통칭하여 '루틴(routine)'[2]이라는 말로 표현할 수 있다. 루틴이란 일상적으로 일어나는 행동패턴이나 반복적으로 사용되는 행동절차를 일컫는다. 영어로 SOP(Standard Operating Procedure, 표준업무운영절차)라고 표현되는 것이 루틴의 좋은 예다. 기업에서 신규 인력을 채용할 때 채용 SOP가 작동한다. 미디어를 통해 구인광고를 내고 응모된 서류를 수합하여 적절한 기준을 정해 1차 당락자를 결정한다. 그 결과를 응모자에게 통보하고 시험, 면접 그리고 신체검사를 통해 최종 합격자를 결정한다. 이들을 적정하게 교육하여 필요한 부서에 배치하는 과정이 채용 SOP이다.

사람들도 루틴을 가지고 있다. 김유신 역시 그러한 루틴이 있었던 것으로 보인다. 그가 술에 취해 곤하게 잠들면 말(馬)은 그를 천관녀의 집으로 인도하곤 했다. 이는 그의 하루일과가 일정하게 진행되었음을 말해준다. 보통 사람들도 루틴 속에서 살고 있다. 직장인이라면 아침에 출근해서 퇴근할 때까지 일정한 패턴 속에 자신을 맡기며 살아간다.

루틴은 크게 지식과 행동으로 구성된다. 모든 루틴은 특유의 지식체계가 있다. 채용루틴에는 그 기업 특유의 채용지식이 숨어 있다. 서류심사에서 어떤 것을 우선시할 것인지, 커트라인은 몇 점으로 할 것인지

---

[2] Nelson, R. and Winter, S.(1982), *An Evolutionary Theory of Economic Change*, Cambridge, MA : Harvard University Press.

그리고 면접에서는 무엇을 물어볼 것인지 등이 기업의 채용지식에 해당한다. 이런 지식은 최종 선발된 신입사원의 업무성과와 선발기준 간의 반복된 인과검증에 의해 형성된 것이다. 또한 채용루틴에는 행동적 요소가 포함되어 있다. 신입사원을 채용하기 위해 담당자들은 어떤 행동을 해야 하는지, 누구와 의사소통을 해야 하는지 등을 알고 있다.

루틴이 바뀐다는 것은 지식체계와 행동패턴이 바뀜을 의미한다. 이미 습관화된 루틴을 폐기하는 것이 버리는 학습이고, 새로운 루틴을 만들어가는 것이 채우는 학습이다. 결국 자기창조는 비교적 짧은 시간에 많은 루틴을 버리고 새로운 루틴으로 채울 때 일어나는 현상이다.

관세청이 과거의 루틴을 버리고 새로운 루틴을 사용하기 시작한 좋은 예를 스파이더 웹 시스템(spider web system)에서 찾아볼 수 있다. 스파이더 웹 시스템은 위조상품을 효과적으로 단속하기 위하여 구축된 밀수조직 적발 시스템이다. 가짜 담배부터 의약품, 의류, 골프채, 명품가방, 시계, 위조채권 등 위조상품에는 없는 게 없다. 한국에서는 두 가지 유형의 위조상품이 수출된다. 하나는 한국이 위조상품을 제조하여 수출하는 경우고, 다른 하나는 해외에서 만들어진 위조상품이 한국을 경유하여 다른 나라로 재수출되는 경우다. 어떤 경우든 한국은 위조상품 수출국의 오명을 뒤집어쓰게 된다.

스파이더 웹 시스템을 이용해 위조상품을 단속하기 전에는 일정 기간을 정해 인력을 투입하는 방식이 사용되었다. 이 방식은 실적도 미미했지만 사전에 정보가 누출되었다는 의심이 들기도 했다. 또한 특별단속 기간이 끝나면 잠잠하던 위조상품들이 다시 활개를 쳤다. 그렇다고 이 일을 위해 1년 365일 위조상품 단속만 하고 있을 수는 없다. 추정에 의하면, 수출화물 검사율이 1% 증가하면 기업이 지불하는 통관물류비는 1천127억 원에 이른다고 한다. 진퇴양난의 길이 위조상품 적발이었다.

이런 상황에 처해 있던 관세청이 일하는 방식을 바꾸었다. 철저한 자료분석에 입각하여 영리하게 일하는 방식을 개발한 것이다. 이것이 스파이더 웹 시스템이다. 이 시스템을 개발하기 위하여 우선 과거 3년간 적발한 2천400건의 위조상품 검거사례를 분석했다. 여기서 나온 결과를 토대로 적발 수입건과 정상 수입건을 1:9의 비율로 샘플링을 했다. 그런 다음 그동안의 위조상품 적발 착안사항, 수입신고서 목록, 담당자와의 브레인스토밍을 통해 가설을 설정하고, 위조상품 징후를 예견할 수 있는 후보 변수 41개를 도출했다. 41개 변수에 대한 유의성 검증 및 상관관계 분석을 통해 7개의 최종 변수를 선별했다.

선별된 변수들을 활용하여 데이터마이닝(data mining)을 했다. 이것으로 연간 600만 건에 이르는 수입화물의 위조상품 우범도를 측정했고, 우범도가 높은 화물을 검사 대상으로 선별했다. 선별된 위조상품 우범화물은 수입자, 운송업자, 공급자를 중심으로 시각적 연관분석(visual link analysis)을 실시하여 혐의자 간의 밀수조직 계보도를 그려냈다(〈그림 2-1〉 참조). 그렇게 해서 만들어진 밀수조직 계보도를 토대로 기획조사를 하여 밀수조직을 일망타진하는 방법을 사용한 것이다.

이 방법은 놀라운 성과를 보였다. 삼성전자 애니콜의 짝퉁상품인 '애미콜'과 LG전자 휴대폰의 짝퉁상품인 'LC휴대폰' 등 한국 기업의 위조상품 수출을 사전에 차단했다. 또한 한국에서 환적되어 미국으로 반출

그림 2-1 스파이더 웹 시스템의 개념도

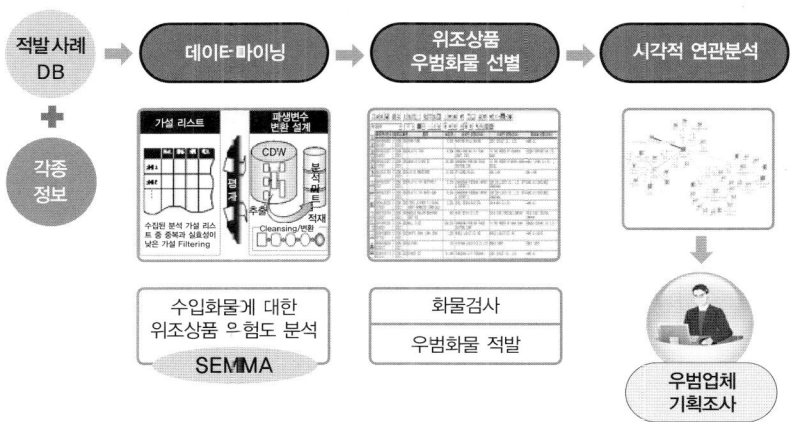

되는 중국산 위조 나이키 운동화에 대한 정보를 미국 대사관에 제공하여 110억 원 상당의 위조상품을 적발했다. 동일한 방법으로 중국에서 제조된 가짜 신발, 의류를 부산항을 경유하여 유럽, 러시아 등지로 밀수 출하던 조직을 적발하기도 했다. 적발된 상품의 양이 40피트 컨테이너 40대 분량(78만 1천846켤)이나 되어, 수량을 확인하는 데 10여 명의 직원이 한 달 넘게 고생했다고 한다. 한편 인천세관에서는 가짜 명품 청바지 위조화물을 적발했다. 적발 과정에서 시각적 연관분석을 실시한 결과, 동일 공급자로부터 26개 업체가 청바지를 공급받아 판매하고 있는 것으로 나타났다. 이들 26개 업체를 기획조사하여 시가 363억 원 상당의 위조 명품 청바지 공급 및 판매 조직을 일망타진하기도 했다.

여기에 병행하여 수입업자가 세관에 수입신고한 상표권의 진위 여부를 스크린해내는 침해상표 경보시스템도 개발했다. 세관에 등록된 3

천여 상표를 권리가 없는 업체가 수입신고를 할 때, 그 내용이 세관 직원에게 통보되어 화물의 지재권 침해 여부를 점검하는 시스템이다. 또한 3천여 상표에 대하여 상표 이미지(도형), 권리자, 상표명, 병행 수입 가능 여부 등의 정보를 인터넷상으로 제공하여, 세관 직원들이 손쉽게 상표권 침해 여부를 판단할 수 있는 '세관신고상표 검색시스템'도 개발했다.

스파이더 웹 시스템은 관세청이 아무 생각 없이 일하던 과거의 루틴을 버리고 영리하게 일하는 새로운 루틴을 정착시킨 일례에 불과하다. 관세청이 자기창조를 한 증거는 많다. 부산항의 해상화물과 인천공항의 디에이치엘(DHL) 등 국제특송화물에 대하여 24시간 통관지원체제를 구축한 것, 인천공항 세관에 특송화물 통관전담과를 신설하여 상시 통관이 될 수 있도록 지원한 것, 야간에 부산항으로 들어오는 수입화물에 대해서는 입항 즉시 하역작업이 이루어지도록 모든 심사와 신고처리를 해주는 24시간 근무체제를 구축한 것 등이 여기에 속한다. 더 많은 예들이 앞으로 소개될 예정이다.

••• 갭 인식

관세청 이야기는 이쯤에서 접어두고 중요한 질문을 던져보자. 버리는 학습과 채우는 학습은 어떻게 시작되는 것일까? 우선 버림에 대하여 생각해보자. 버림이 있기 위해서는 기존의 방식에 불만이 있어야 한다. 두 가지의 불만이 있을 수 있다. 생존영역 자체에 대해 갖는 불만과 현재의 성과 수준에 대해 갖는 불만이다. 이러한 불만을 '갭 인식'이라 한다. 앞의 것을 '기회 갭(opportunity gap) 인식'이라 하고, 뒤의 것을 '성과 갭(performance gap) 인식'이라 한다.[3]

기회 갭은 현재의 삶의 방식 이외에도 새로운 삶의 방식이 있음을 인식할 때 생겨난다. 강호동은 씨름선수로서 화려한 업적을 쌓았다. 하지만 그는 개그맨의 삶이 자신에게 기회가 될 수 있다는 생각을 한다. 주위 환경이 그로 하여금 새로운 인생에 대한 기회를 보게 허주었던 것이다. 이 기회를 자신이 활용하지 못하고 있음을 인식하는 것이 기회 갭 인식이다.

오늘날의 삼성전자도 이병철 회장의 기회 갭 인식에서 시작된다. 일본에 머물고 있던 이 회장이 어느 날 일본의 한 공대교수와 식사를 하게 되었다. 식사 자리에서 그 교수는 반도체라는 것이 있는데 이것이 산업의 쌀이 될 것이라고 말한다. 순간 이 회장의 귀가 번쩍 띄었다. 사람이 사는 동안 쌀은 없어서는 절대 안 되는데, 산업에도 쌀과 같은 것이 있다면 이거야말로 삼성이 만들어야 하는 것이 아닌가라고 생각했다. 삼성전자의 운명이 바뀌는 순간이었다. 가전제품이라는 최종재를 조립하는 것이 사업의 전부라고 알고 있던 삼성이 부품사업, 그것도 산업의 식량이 되는 부품을 생산하는 기업으로 탈바꿈하게 되는 결정적 계기가

---

[3] Tushman, M. L. and O'Reilly III C. A.(2002), *Wining through Innovation*, Boston, MA : Harvard Business School Press.

된 것이다.

성과 갭은 자신의 성과에 불만족할 때 일어난다. 보통 위기 상황이 닥치면 성과 갭 인식이 활발해진다. 성과 갭으로 인해 자기창조가 일어난 전형적인 예가 스크루지다. 스크루지는 왜 수전노의 삶을 버리고 전혀 새로운 삶을 택했을까? 결론부터 말하자면, 스크루지는 자신의 삶의 성과에 커다란 문제가 있음을 인식했기 때문이다.

《크리스마스 캐롤》에는 3명의 유령이 나온다. 그중 마지막 유령이 스크루지를 그의 미래로 데리고 간다. 거기서 그는 자신의 죽음을 본다. 스크루지가 죽자 사람들은 즐거워하며 손가락질을 한다. 그의 가게는 앞 다투어 물건을 훔쳐가는 사람들로 북적거렸다. 그의 묘는 초라하게 내팽개쳐져 있었다. 이러한 광경을 본 스크루지는 엄청난 충격에 빠진다. 그는 자신이 무엇을 위해 살아왔는지에 대한 자괴감에 빠져든다. 스스로는 최선을 다해 살아왔다고 생각했지만, 그 삶의 성과는 사람들의 질시와 멸시뿐임을 깨닫게 된 것이다. 스크루지의 성과 갭 인식은 그를 급격히 변모하게 만든다.

요약하면, 생존영역의 변화를 가져오는 자기창조는 새로운 기회에 반응하는 성질을 가지고 있으며, 생존영역은 유지하되 행동패턴이 변하는 경우는 인식된 위기에 반응하는 성질을 가지고 있다.

관세청의 자기창조는 성과 갭 인식에서 출발한다. 관세청의 변화 배경은 자신의 핵심 역할에 대한 문제인식과 관련이 있다. 관세청의 핵심 역할 중 가장 큰 것은 관세를 징수하는 일이었다. 잘나가던 시절에는 관세의 재정기여도가 전체 국가재정의 20%를 넘었다. 게다가 당시에는 국산품은 조악하여 각종 해외 밀수품이 판을 쳤다. 따라서 관세청은 경제국경의 수문장으로서의 막강한 역할을 수행할 수 있었다.

그러던 관세청에 그늘이 지기 시작했다. 1980년대 이후 진행된 개방화와 수입자유화에 따라 관세율이 대폭 인하되기 시작한 것이다. 1950년대 50%에 이르던 관세율은 1970년대 30%가 되었고, 1980년대에 20% 그리고 수입자유화가 급진전되던 1990년대는 11%대에 이르렀다. 앞으로 FTA가 지속적으로 체결되면 관세율은 0%에 근접하게 될 것이다. 이것은 관세의 재정기여도가 급속히 하락할 수밖에 없음을 의미한다. 1990년대 11%에 이르던 재정기여도가 2006년에는 8%로 그리고 2010년에는 4%, 2014년이 되면 3% 수준으로 떨어질 것으로 예상된다.[4]

여기에 무역자유화가 급속히 진행되면서 통관 관련 각종 규제가 대폭 완화되었다. 이는 규제기관으로서의 역할이 축소되고 있음을 의미한다. 내부에서는 세관은 한물갔다는 탄식도 흘러나왔다. 국제환경도 급격하게 변화하고 있었다. 전 세계는 물류전쟁을 치른다고 해도 과언이 아닐 만큼 경쟁적으로 바뀌었다. 게다가 FTA라고 하는 국가의 무역환경을 완전히 바꾸는 변수도 등장했다. 과거의 수동적인 방식으로는 관세청의 역할을 정립하는 것이 쉽지 않다는 위기의식이 표출되었다. 이러한 성과 갭 인식이 관세청이 자기창조를 하는 계기가 되었다.

---

[4] 관세의 재정기여도가 하락하고 있음을 말해주는 것으로 관세청의 전체 국세의 재정기여도가 하락하고 있음을 의미하는 것은 아니다. 수입물품에 부과되어 징수되는 내국세(특소세, 교육세, 교통세, 부가가치세)는 증가하고 있어, 관세청의 전체 국세의 재정기여도는 27%를 유지하고 있다.

••• 삶의 지배자 변경

갭 인식이 강력할수록 버리는 학습 역시 강도 높게 진행된다. 하지만 버리려는 마음만으로는 자기창조가 일어날 수 없다. 버리는 만큼 채움도 동시에 강해져야 한다. 자기창조를 일으킬 만한 수준의 새로운 채움은 어떻게 일어날까? 이를 위하여 나는 '삶의 지배자'라는 새로운 개념을 소개하고자 한다. 삶의 지배자란 삶의 주인을 일컫는 말이다. 보통의 경우 자신의 삶에 대한 지배자는 자기 자신이다. 그런데 자기창조에 이르는 사람들의 삶은 다르다. 그들의 삶을 지배하는 사람은 자신이 아니었다.

어머니가 대표적인 인물이다. 나는 어머니와 여자는 다르다고 생각한다. 어머니의 삶을 지배하는 사람은 어머니 자신이 아닌 자식이다. 반면 여자의 삶을 지배하는 사람은 자기 자신이다. 자식이 삶의 지배자가 된 어머니는 인생의 대부분을 자식을 위해 자기를 변화시킨다. 아무리 아침잠이 많은 여자라도 일단 어머니가 되면 식구 중 가장 먼저 일어나 새벽 찬바람을 맞는다. 어머니는 자식과 관련이 있다면 어떤 굴욕도 참아낸다. 어머니가 되기 전의 모든 루틴은 사라지고 자식을 위한 새로운 루틴이 삶 속에 녹아들기 때문이다. 모든 사람들이 어머니에게 숭고한 마음을 갖는 이유가 여기에 있다.

여자들도 자기 삶의 지배자를 바꾸기도 한다. 여자의 마음속에 남자가 머무를 때가 있다. 이것을 우리는 사랑이라고 한다. 사랑에 빠진 여자 역시 자기창조를 한다. 외모를 가꾸는 노력을 게을리 하지 않으며,

사랑하는 남자의 취향에 맞춰 자신의 행동패턴을 새롭게 구축한다. 채우는 학습이 시작된 것이다. 하지만 사랑이 식으면 여자의 삶의 지배자는 다시 자기 자신이 된다. 여자와 어머니가 다른 이유가 여기에 있다.

마음속으로 꿈꾸는 이상적인 인물을 닮고자 하는 것도 삶의 지배자를 바꾸는 행위라고 할 수 있다. 너대니얼 호슨(Nathaniel Hawthorne)이 쓴 소설 《큰 바위 얼굴 The Great Stone Face》에는 동네 언덕바위에 있는 큰 바위 얼굴을 닮고 싶어하는 소년의 이야기가 나온다. 소년은 어머니로부터 큰 바위 얼굴을 닮은 아이는 나중에 훌륭한 인물이 될 것이라는 전설을 듣는다. 그후 소년의 삶은 큰 바위 얼굴이 지배하게 된다. 결국 소년이 큰 바위 얼굴로 변모하게 된다는 것이 소설의 줄거리다.

솔로몬이 이스라엘을 통치하던 시절에 아주 난감한 송사가 걸렸다. 두 여인이 한 아이를 두고 서로 자기 자식이라고 우긴 것이었다. 이 사건에 대해 솔로몬은 구시무시한 판결을 내렸다. 아이를 반으로 갈라 나눠가지라는 것이었다. 여기서 진짜 어머니와 가짜 어머니가 갈렸다. 가짜 어머니는 매우 좋은 판결이라며 즐거워했다. 하지만 진짜 어머니는 눈물을 흘리며 가짜 어머니에게 자기 자식을 줄 것을 간청했다. 자식이 삶의 지배자가 된 어머니는 자식의 관점에서 행동한다. 솔로몬은 이것을 이용한 것이다.

삶의 지배자가 누구일 때 자기창조가 쉽게 일어날까? 답은 타인이 자신의 삶의 지배자가 될 때다. 물론 자신이 자신의 삶의 지배자일 때도 자기창조에 이를 수 있다. 매우 높은 경지에 이른 사람이나 흔치 않은 조직에서 나타난다. 대체로 타인이나 환경과의 관계가 그다지 중요하지 않은 경우에 이런 현상이 나타난다. 깨달음에 이른 성인들이나 전제적인 권력을 갖는 조직들이 예가 된다. 하지만 타인이나 환경과의 지속적인 상호작용이 요구되는 상황에서 삶의 지배자를 자신으로 삼으면 자기창조의 가능성은 희박해진다. 이유는 자기참조지표(self-reference index) 때문이다.[5]

자기참조지표란 내가 어떤 행동을 해야 하고 또 어떤 행동에 문제가 있는지를 알려주는 일종의 거울이다. 삶의 지배자의 종류에 따라 자기참조지표가 달라진다. 자신이 삶의 지배자인 경우에는 자신을 만족시키는 참조지표를 고집하게 된다. 스크루지가 수전노의 모습을 오랫동안 유지한 이유는 그것을 옳다고 생각하는 자기참조지표 때문이었다. 세상을 자기중심적으로 보기 때문에 세상의 변화에 아랑곳하지 않는 것이다. 따라서 자신의 사고방식과 행동패턴을 바꿀 이유가 없다. 자기참조지표에 대하여는 뒤에서 보다 자세히 살펴보기로 한다.

삶의 지배자를 타인으로 삼으면 나는 어디에 있는가? 이것은 삶의 지배자와 정체성의 관계를 묻는 질문이다. 여기서 어머니의 예를 다시 살펴보자. 어머니가 어머니인 이유는 어머니의 삶의 지배자가 자식이기 때문이다. 만일 마음속에 자식이 아닌 여자로서의 자신이 들어앉게 되면, 우리는 그 사람을 더 이상 어머니라고 부르지 않는다. 어머니로서의 정체성이 사라진 것이다.

이 말은 정체성이란 타인과의 관계를 강화하는 과정에서 만들어지는

---

5 Morgan, G. (1986), *Images of Organization,* Beverly Hills, CA : Sage Publications.

것이지, 타인과 별개로 존재하는 나를 강화하는 과정에서 만들어지는 것이 아님을 의미한다. 삼성전자가 삼성전자인 이유는 소비자를 위해 끊임없이 새로운 제품을 내놓기 때문이다. 삼성전자가 자신만의 정체성을 찾기 위해 소비자가 원하는 것을 만들어내지 않는다면 삼성전자는 더 이상 삼성전자가 아니다. 아이러니하게도, 타인이 내 마음속에 살면 나의 정체성은 오히려 강화되는 현상이 나타난다. 이런 일이 일어나는 이유는 우리의 생존방식과 관련이 있다. 우리의 삶은 타인과의 관계를 떠나서는 성립될 수 없기 때문이다.

스크루지가 선행을 하기 시작한 근본 이유도 자신의 삶의 지배자를 바꾸었기 때문이다. 스크루지는 크리스마스가 시작되는 어느 날 아침 자기의 삶을 바꾸었다. 그의 마음속에 주위 사람들이 들어오기 시작한 이후다. 그들의 가슴 아픈 일이 자신의 아픔으로 다가오고, 그들의 즐거움이 자신의 즐거움이 되는 것을 깨닫게 되었다.

••• 관세청의 변화

관세청의 변화에서도 삶의 지배자를 타인으로 바꾼 흔적이 관찰된다. 그중 하나를 소개한다. 부산항 국제여객터미널을 이용하는 여행자는 2000년 연간 53만 명에 이르렀다. 2004년에는 100만 명을 넘어섰다. 그러다 보니 여행자들이 터미널 서비스에 불편을 느끼기 시작했다. 그중 하나가 택배서비스였다. 세관에 택배를 보내는 방법을 문의하는 여행자가 점차 늘어났다. "짐이 무거워서 그러는데요, 어디에 가면 택배를 부칠 수 있어요?" 그리고 택배서비스를 신청했는데 업체 직원이 오지 않아서 한 시간이고, 두 시간이고 기다리는 사람들도 늘어났다. 하지만 택배서비스는 관세청과 무관한 일이었다.

어느 날 한 세관 직원이 퇴근길에 택배와 관련된 여행자들의 불편을 주제로 동료들과 이야기를 나누었다. 세관의 통관업무와는 전혀 관련 없는 일을 입에 담고 있었던 것이다. "통관을 아무리 빨리 해주면 뭘 하나? 택배를 기다리며 시간을 다 보내면 열심히 일해주고도 생색이 안 나지. 이거 우리가 나서서 해결해주면 안 될까?" 요지는 이것이었다. "세관은 여행자들의 휴대품 통관부서다. 왜 세관 업무가 아닌 일까지 손을 대나?" 주위의 핀잔도 따가웠다. "점수를 따려고 분위기에 휩쓸려 앞뒤 안 가리고 나서면 뒷감당은 누가 하나?", "실제로 택배를 부치는 사람은 얼마 되지 않을 거야. 괜한 고생하는 거다.", "어떻게 택배를 접수하자는 거냐? 마땅한 방법이 없으니 택배회사 전화번호만 안내하자.", "세관이 택배업체의 건수를 올려준다는 오해를 받는다." 등의 말들도 따갑게 들려왔다.

하지만 몇몇 뜻있는 사람들이 모였다. 이들은 우선 택배와 관련된 여행자 불편의 원인을 파악했다. 입국 내국인의 거주지를 분석해본 결과, 부산 시외 거주자가 71% 그리고 부산 시내 거주자가 29% 정도 되었다. 부산항을 통해 입국한 후 70% 이상의 사람들이 무거운 짐을 들고 장거리 여행을 하는 처지였다. 하지만 부산항 여객터미널 내에는 택배업체나 택배 담당직원이 없었다. 이들이 내린 해결책은 비교적 간단했다. 세관은 택배 접수를 대행하고, 배달은 택배업체에서 하자는 아이디어를 내었다.

하지만 막상 실행에 옮기려고 하니 무엇부터 해야 할지 막연했다. 세관 직원이 어떻게 택배 접수를 할까? 휴대품 통관이라는 본연의 업무에 지장을 주지 않을 방법은 없을까? 구체적인 방안을 고민하던 중 문제해결을 위해 모인 사람들 가운데 한 사람이 수퍼마켓에서 물건을 구입한 후 자율포장대에서 포장했던 경험을 아이디어로 내놓았다. 입국장 내에 자율포장대를 설치하여 입국 수속이 끝난 여행자들 중 택배서비스를 원하는 사람은 스스로 짐을 포장해서 세관에 인계하는 것이다. 세관은 즉시 택배회사에 연락하고, 택배회사 직원이 올 때까지 물품을 보관했다가 인계하는 방법을 제안했다. 그래서 만들어진 것이 여행자 휴대품 택배 프로세스였다. '입국 수속을 마친 여행자 → 자율포장(택배 코너) → 세관 직원 접수(영수증 교부) → 택배회사 연락(물품 인도) → 배송 → 목적지에서 여행자의 물품 인수'가 핵심 프로세스였다.

이러한 프로세스를 원활하게 가동하기 위해 포장용기를 여행자 물품(여행가방, 쇼핑백 등)에 맞게 다양하게 구비했다. 물품은 반드시 당일 택배회사 직원에게 인계하고 입국장 내에 보관하지 않도록 하여 도난 문제의 발생도 예방했다. 세관과 택배업체 간의 책임소재 문제가 발생할 수 있으므로 분실 및 파손에 대비하여 물품인수인계대장도 비치했다. 이를 통해 여행자, 세관 직원, 택배업체 직원의 삼자가 모두 물품을 확인한 후 서명하여 단계별로 책임한도를 명확히 했다.

택배업체는 공신력 있는 부산우체국으로 지정했다. 일반 여행자 검사대 뒤편에 포장상자, 저울, 자동포장기계, 자율요금함 등 택배 관련 시설을 비치하고 홍보용 플래카드와 안내판도 부착했다. 택배 접수 절차에 관한 사항은 모든 세관 직원들에게 숙지시켰다. 그리고 근무 배치를 통해 1일 전담직원을 지정했다. 시범 시행이 되는 한 달 동안 42건의 택배서비스가 실시되었다. 그 다음 달에는 70건으로 늘어났고, 그 다음 달에는 93건으로 늘었다. 택배서비스가 지속되자 여행자들의 감사 인사가 줄을 이었다.

이것이 최근 관세청에서 일어난 변화다. 이 일에 깊이 관여했던 한 사람이 의미 있는 말을 했다. "입국 수속을 마친 여행자가 터미널에 우두커니 앉아 있는 모습이 비로소 눈에 보였습니다. 어디에 가면 택배를 부칠 수 있냐고 물어보며 누군가에게 도움을 요청하던 사람들의 호소가 들리기 시작했습니다."

관세청의 이러한 변화를 단순히 '고객만족'이라는 한 단어로 표현하기에는 부족함이 있다. 고객만족이라는 단어는 고객과의 거래라는 계산된 행위가 내포되어 있다. 따라서 이해타산이 맞지 않으면 고객만족은 사라진다. 하지만 타인이 내 마음을 지배하는 행위는 보다 근본적인 변화를 불러일으킨다. 관세청에서 이런 일이 일어난 것이다. 과거 자신 이외의 타인에게는 관심을 갖지 않았던 관세청이 타인을 돌아보기 시작한 것이다.

관세청의 변화와 관련된 또 다른 예가 있다. 최근 한국은 수입물량이 엄청나게 증가하고 있다. 수입이 증가하면 불법 밀수도 급증하기 마련이다. 과거에는 수입물량에 대하여 전량검사를 실시했다. 1993년만 해도 화물의 68%를 열어보았다. 하지만 2005년부터는 5% 수준의 선별검사만을 실시하고 있다. 전 세계에서 가장 낮은 선별검사율이다. 검사적중률도 미국 등이 10~20% 수준인 데 반하여 관세청은 2003년 26%, 2006년에는 46%에 이르는 전 세계 최고 수준을 나타내고 있다.

하지만 아무리 선별검사율이 낮더라도 죄 없이 검사를 당해야 하는 기업은 있게 마련이다. 컨테이너를 한 번 검사하면 개장비용이 40만 원에 이른다. 여기에 통관물류지체비용과 지체된 시간까지 합치면 이만저만 손해가 아니다. 예전 같으면 제아무리 화물주가 볼멘소리를 하더라도 관세청이 하면 하는 것이었다. 이 점에 대해서는 관세청이 오히려 당당할 수도 있다. 관세청은 이미 선별검사율과 검사적중률을 세계 최고 수준으로 끌어올려놓았다. 그러니 이 정도의 불편은 참아주는 것이 오히려 당연했다. 그런데 이런 생각들을 물리치고 관세청은 70%대의 검사적중률에 도전한다. 5%를 열어 70%의 우범화물을 잡아낸다는 황당한 목표를 세운 것이다. 목표를 달성하기 위해 본청, 관세평가분류원, 일선 세관 그리고 전산전문가와 통계전문가가 참여하는 과제해결팀이 구성되었다.

많은 고민과 논의 끝에, 우범화물을 적발하는 '룰 기반 시스템(rule base system)'을 개발했다. 데이터마이닝 기법을 활용했다. 이 시스템이 개발되자 세관 직원들은 전문가의 도움 없이 자체적으로 현장에서 다양한 우범요인을 찾아내고, 이를 조합하여 우범화물일 가능성이 높은 컨테이너를 선별해내는 능력을 습득하게 되었다. 2007년 2/4분기가 마감되자 놀라운 일이 벌어졌다. 선별검사율 4.2%에 검사적중률 74%에 이르는 성과를 올린 것이다. 어떻게 이러한 일이 일어날 수 있었을까? 이는 관세청이 자신의 삶의 지배자를 바꾸었기 때문이다. 관세청의 삶을 지배하는 사람은 더 이상 관세청 직원들이 아니었다. 그들의 마음속에는 타인이 삶의 지배자로 자리잡고 있었다.

 요약해보자. 자기창조의 기본 원리는 버리는 학습과 채우는 학습의 연쇄에 의하여 일어난다. 〈그림 2-2〉가 이것을 보여준다. 버리는 학습의 시작은 자신에 대한 문제발견에서 비롯된다. 이것을 갭 인식이라고 했다. 채우는 학습은 제기된 문제를 해결하면서 새로운 루틴을 만들어가는 것을 말한다. 버리는 학습과 채우는 학습에 영향을 미치는 것이 삶의 지배자다. 타인이 자신의 삶의 지배자가 될 때 자기창조는 극대화된다. 그렇다면 〈그림 2-2〉의 자기창조 원리를 어떻게 조직 내에서 작동되게 할 것인가? 앞으로 다루어질 내용들이다.

그림 2-2 자기창조의 기본 원리

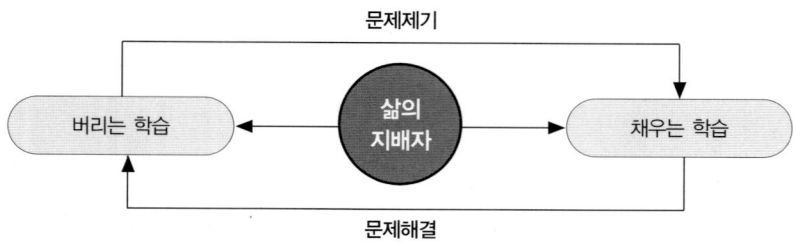

Self Creation 3
버림과 채움의 방향성 찾기

기존의 루틴을 버리고 새로운 루틴을 채우는 현상이 자기창조이다. 하지만 루틴을 이것저것 바꾸었다고 해서 자기창조가 일어나는 것은 아니다. 일관된 방향성을 가지고 루틴을 변경하는 노력이 뒤따라야 자기창조가 가능하다. 이는 어떤 루틴을 버릴 것인가와 어떤 루틴으로 채워넣을 것인가에 일정한 방향이 있어야 함을 의미한다.

자기창조를 경험한 인물로 스크루지를 들 수 있는 것은 그가 과거의 수전노식 루틴을 모두 버리고 정반대의 루틴을 중심으로 하는 새로운 일관된 삶을 살아가기 시작했기 때문이다. 버려야 할 루틴과 채워야 할 루틴의 방향을 분명히 함으로써 자신의 삶을 재설계한 것이다. 만일 수전노식 삶을 적당히 영위하면서 선행도 적당히 베풀었다면 사람들은 스크루지의 행동에 큰 혼란을 느꼈을 것이다. 결국 그가 죽은 후 묘비에

침을 뱉고 가게의 물건을 강탈하는 등 스크루지를 응징하는 행위가 줄어들지 않았을지도 모른다. 방향이 제대로 설정되지 않은 루틴의 버림과 채움으로 인해 나타난 현상이다.

방향성 있는 버림과 채움이 일관되게 일어났을 때 '환골탈태(換骨奪胎)'라는 한자어를 적용할 수 있다. 뼈를 바꾸고 자기가 자란 모태에서 빠져나온다는 뜻이다. 생물학적 변화를 통해 본질적인 변화를 비유적으로 표현하는 말이다. 환골탈태적인 변화를 이끌어내는 메커니즘은 무엇일까? 어떻게 일관된 방향성을 가지고 버리고 채울 수 있을까? 그 답을 이번 장에서 찾아보자.

••• **정신모형**의 변경

사람의 것이든 조직의 것이든 루틴은 공통된 특징을 가지고 있다. 씨름선수는 씨름선수라고 특징지을 수 있는 루틴을 중심으로 생활한다. 대학교수의 의무는 연구, 가르침 그리고 봉사다. 이 중 연구가 차지하는 비중이 큰 교수에게는 '연구 중심형'이라는 수식어를 붙여준다. 그 사람의 루틴이 연구에 집중되어 있음을 알리기 위함이다. 스크루지를 수전노라고 부르는 것은 돈밖에 모르는 피도 눈물도 없는 그의 수전노 루틴 때문이다. 이와 같은 특징을 '루틴의 수렴성'이라고 한다.

루틴은 사용되면서 수렴되는 성질을 갖고 있다. 우리는 어떤 사람에 대해 이야기할 때 '성격'이라는 단어를 사용한다. 성격이라는 단어는 한 사람이 가진 일관된 행동패턴과 관련이 있다. 즉 한 사람의 행동양식은 어떤 특정한 성질로 수렴되는데, 이것을 표현한 말이 성격이다.

조직에 대해서도 유사하게 설명할 수 있다. 우리가 삼성그룹과 현대그룹의 차이를 알 수 있는 것은 그들의 반복적 행동양식, 즉 루틴이 서로 다르기 때문이다. 삼성은 분석적이고 정밀하게 행동한다. 삼성에는 세밀한 분석을 요구하고 행동할 것을 요구하는 이병철 회장의 행동양식이 정착되어 있기 때문이다. 이에 반해 현대는 크게 보고 불도저처럼 밀어붙이는 힘이 있다. 정주영 회장의 행동양식이 루틴화되어 있기 때문이다.

루틴의 수렴성을 이끄는 것이 정신모형(mental model)[6]이다. 정신모형이란 세상과 나를 바라보는 관점과 생각하는 방식을 말한다. 자기창조가 일어나기 위해서는 정신모형을 바꿔야 한다. 이를 통해 일관되고 통일된 방식으로 루틴을 교체할 수 있다. 정신모형을 변경하려면 동시에 두 가지를 바꾸어야 한다. 자신이 가지고 있는 개념세계와 자기참조지표가 그것이다.

---

[6] Kim, D. H.(1993), "The Link between Individual and Organizational Learning", *Sloan Management Review*, 35(1), 37~50.

••• 개념세계와 자기참조지표

사람은 살면서 자기만의 개념세계를 갖는다. 세상을 이해하고 대처하는 방식이 바로 개념세계다. 우리는 음식점에 대한 개념을 갖고 있다. 비행기가 어떻게 날아가는지에 대한 개념도 있다. 그리고 어떻게 살아야 하고, 어떻게 해야 성공하는지에 대한 개념도 있다. 이러한 것들의 집합이 개념세계다. 개념세계는 개인의 행동을 지배하는 커다란 틀로서 자기참조지표와 같이 작동한다. 자신이 만들어놓은 개념세계에 맞추어 행동하고 있는지 확인할 수 있는 게이지와 같은 것이 자기참조지표다. 자신의 개념세계에 맞추어 제대로 행동하고 있는지 알려주고, 여기에서 벗어나면 자신의 행동을 되돌리게 만드는 마음속의 잣대를 의미한다.

결혼식을 예로 들어보자. 사람들은 결혼식을 즐겁고 흥겨운 예식으로 알고 있다. 결혼식 절차는 다섯 살짜리 꼬마도 안다. 이처럼 결혼식은 이러이러해야 하며, 진행방식은 이러이러하다는 이해의 틀이 결혼식에 대한 개념세계다. 여기에 결혼식에서는 불쾌한 행동을 하거나 분위기를 깨는 행동을 해서는 안 된다는 통제장치도 가지고 있다. 이것이 자기참조지표다. 개념세계와 자기참조지표를 합친 것을 심리학에서는 '스키마' 또는 '템플릿(template)'이라 한다.

사업에 대해서도 이와 비슷한 생각을 할 수 있다. CEO들은 기업을 운영하는 방식에 대하여 자기만의 개념세계와 자기참조지표가 있다. 현대그룹을 일으킨 정주영 회장의 일화를 보자. 조선업에 뛰어들 당시, 그는 사업의 타당성을 조사하기 위해 일본으로 시찰을 간다. 함께 간 많은 사람들은 일본 조선업의 어마어마한 규모와 기술에 압도되어 자신들의 힘으로는 배를 만드는 것이 불가능하다고 생각했다. 하지만 정 회장의 생각은 달랐다. 그는 배라는 것도 본질적으로는 아파트와 큰 차이가 없다고 생각했다. 단지 아파트가 물에 둥둥 떠다닐 수 있도록 엔진을 달면 된다고 생각했다. 그래서 현대건설의 아파트를 짓는 기술이면 얼마든지 배도 만들 수 있다고 생각한 것이다. 이것이 정주영 회장이 조선업을 보는 개념세계다.

건설업에서 성공과 실패를 거듭하면서 정 회장은 성공을 위한 하나의 지표를 얻게 된다. 그는 사업의 성패는 공기단축에 달려 있다고 생각했다. 건설업에서 돈 버는 확실한 방법은 예정된 시간보다 공사기간을 단축시키는 것이다. 그래서 그는 모든 사업에서 공기단축을 금과옥조처럼 여긴다. 이것이 정주영 회장의 기업 경영에 대한 자기참조지표다.

••• 개념변경의 위력

자기창조가 일어나기 위해서는 먼저 개념세계가 변경되어야 한다. 개념변경이 자기창조에 얼마나 큰 위력을 발휘하는지는 일본의 한 동물원의 예를 통해 알 수 있다. 바로 아사히야마(旭山)라는 동물원이다. 아사히야마 동물원은 일본 최북단 홋카이도의 아사히가와(旭川) 시에 위치한다. 일본 동물원 95곳 중 가장 추운 곳에 있다. 이 동물원은 1967년에 시립동물원으로 개원했지만 내내 적자를 면치 못했다. 연간 입장객이 1996년에 최고 26만 명에 이르렀지만 입장객 기준 일본 동물원 중 최하위 수준이었다. 결국 이 동물원은 심각하게 폐쇄를 고려하게 되었다.

그런데 이 동물원에서 희한한 일이 일어났다. 2004년 이후 4년 연속 여름철 입장객 수가 일본 전체 동물원 중 1위를 차지한 것이다. 2006년에만 해도 약 280만 명이 이 동물원을 다녀갔다. 이 동물원에 대해 일본은 흥분했다. 아사히야마 동물원은 2005년 일본창조대상, 닛케이 우수제품·서비스상, 2006년 닛케이 BP(best practice)상을 받았다. 어떻게 일본 최북단의 시골 동물원이 이렇게 바뀌었을까? 그 비밀은 동물원 운영에 대한 개념변경에서 찾아야 한다.

동물원의 일반적인 운영방식은 동물들을 우리에 가두어놓고 방치하는 것이다. 사정이 조금 나은 곳은 동물들을 넓은 들판에 풀어두고 자유롭게 움직일 수 있도록 배려하지만 방치하기는 마찬가지다. 즉 단순히 동물을 전시하는 방식이 동물원 운영의 관례적인 루틴이다. 아사히야마 동물원도 다른 동물원의 루틴대로 동물을 단순 전시했다. 이 방식은 개원 이후 30년이 넘도록 사용되어왔다. 사람들은 낮잠을 자거나 무기력하게 누워 있는 동물들이 차츰 식상해졌다. 동물원을 찾는 사람들도 갈수록 줄어들었다.

동물원에 사람들이 모이지 않는 이유는 재미가 없기 때문이었다. 여기에 아사히야마 동물원이 도전을 한다. 어떻게 하면 재미를 되찾을 수 있을까? TV의 야생등물 관련 프로그램을 보면 답이 보인다. 거기에는 동물들의 동적인 움직임이 있고, 이들의 특이한 능력이 보인다. 그런 방식으로 동물원을 바꾸어보자는 움직임이 아사히야마 동물원에서 일어났다. 곧바로 동물원에 대한 새로운 개념을 정립했다. 단순 전시에서 재미를 흠뻑 즐길 수 있는 동물의 행동 전시, 능력 전시로 전환하자는 것이었다.

개념변경이 일어나자 동물원의 전시방법에 일대 변화가 생겼다. 우선 펭귄을 전시하는 방법이 바뀌었다. 우리에 가두고 먼발치서 바라보는 방식에서 투명한 통로를 만들어 사람들이 지나가면서 머리 위로 펭귄을 쳐다보는 방식으로 바꾸었다. 마치 펭귄이 하늘을 날고 있는 듯한 착각에 빠지도록 했다. 그리고 보통의 시야에서는 관찰할 수 없었던 펭귄의 꽁지 등을 밑에서 볼 수 있게 했다. 다른 동물원에서는 도저히 볼 수 없는 광경을 보여준 것이다.

원숭이도 그저 우리에 가두어놓고 움직이는 모습만 열심히 보여주던 방식을 버렸다. 원숭이들이 먹이를 찾아내는 신기한 능력을 보여주었다. 먹이를 교묘히 감춰놓고 마치 원숭이와 먹이가 술래잡기를 하는 듯한 광경을 보여준 것이다. 교묘하게 숨겨진 먹이를 원숭이 특유의 능력으로 찾아낼 때 사람들은 크게 환호했다. 이렇게 동물원의 전시 루틴이 바뀌면서 아사히야마 동물원은 일본 최고의 동물원 반열에 오르게 되었다.

••• 관세청의 개념변경

　　　　　　　　　　내가 관세청에 주목하는 이유도 아사히야마 동물원과 같은 극적인 변화가 감지되었기 때문이다. 관세청은 그동안 영위했던 많은 루틴을 버리고 새로운 루틴으로 채워넣는 일을 했다. 이러한 변화의 시발점 역시 개념변경에 있었다.

　과거 관세청은 '감시'를 핵심 개념의 하나로 삼았다. 1970년대는 고정감시라는 개념이 관세청을 지배했다. 한곳에 머무르면서 통관하는 모든 수출입품을 감시한다는 개념이다. 1998년 이후에는 기동감시로 감시방법에 변화를 주게 된다. 밀수를 하는 방법이 다양화되면서 기동타격대와 같은 방식으로 수출입품을 감시하자는 거다. 감시의 개념 속에는 '징수'와 '적발'이라는 하위개념이 숨어 있다. 징수는 '관세징수자'로서의 관세청의 역할을 규정하고, 적발은 '밀수적발자'로서의 관세청의 역할을 규정했다.

　따라서 모든 루틴은 세금징수와 밀수단속에 초점이 맞추어져 있었다. 물론 지금도 징수와 적발은 관세청의 핵심 업무 중 하나지만 그 개념이 바뀌었다. 징수당하는 편에서 한 번 더 생각하고 징수하고, 적발당하는 편에서 한 번 더 생각하고 적발한다는 개념으로 바꾼 것이다. 앞에서 소개한 스파이더 웹 시스템이 감시의 개념이 변경된 후에 나타난 좋은 예다.

　이러한 변화가 어느 날 갑자기 이루어진 것은 아니다. 관세청은 시대 흐름에 따라 자신을 변화시켜왔던 조직이다. 예를 들어, 1997년부터 공들인 수입화물 통관자동화 노력은 매우 인상적이다. 통관소요시간관리 시스템이 작동되면서 수입신고에서 수입품 수리에 이르는 세관절차 소요시간이 획기적으로 줄어들었다. 과거 5시간이 걸리던 세관절차가 1시간 30분으로 대폭 단축되었다. 국제기구(UNCTAD, 국제연합무역개발회의)가 권장하는 4시간보다도 훨씬 빠른 것이다.

수출입물품의 통관을 위한 전산화 노력도 지속적으로 이루어졌다. 관세환급 등 관세업무가 복잡해짐에 따라 전산화를 위한 노력을 기울였다. 그 결과, 2000년에는 서류 없는 전자통관이 수출 95%, 수입 30% 그리고 관세환급에 더해서는 50%에 이르렀다. 이후 더욱 진전되어 이제 관세청은 100% 전자통관 시대를 열었다. 이것이 오늘의 관세청을 있게 한 하나의 원동력이다.

그런데 최근 관세청은 자기창조라는 단어를 붙여도 어색하지 않을 만한 큰 변화를 다시 일으켰다. 자신의 개념세계를 본질적으로 재정의하면서 나타난 일이다. 이것을 통관업구를 중심으로 살펴보자. 통관이란 수입신고에서 수리에 이르는 세관절차를 말한다. 과거에도 관세청은 통관업무를 개선하는 데 많은 노력을 기울였다. 그 일환으로 1997년부터는 수입신고에서 신고수리에 이르는 세관절차 소요시간을 줄이기 위해 여러 가지 조치를 취했다.

그 결과, 수입화물의 통관시간은 과거 5시간에서 1시간 30분까지 줄어들었다. 그런데 이것을 다시 개선한다고 가정해보자. 1시간이 더 줄어들어 30분이 되었다고 하자. 비율상으로는 엄청난 변화가 일어났지만 정작 혜택을 보는 기업 입장에서는 감흥이 적다. 왜 그럴까? 관세청

| 그림 3-1 | 수입화물의 통관 개념   (2003년 기준)

```
[입항→반입]   [   반입→신고   ]   [신고→수리]   [수리→반출]
  (2.3일)         (7.2일)          (1.5시간)      (3.7일)
```

이 자신의 업무 범위라고 생각하는 개념과 기업이 생각하는 개념이 일치하지 않기 때문이다. 이것을 〈그림 3-1〉을 통해 살펴보자.

〈그림 3-1〉은 2003년 수입화물의 통관처리 과정과 여기에 걸리는 시간을 그림으로 나타낸 것이다. 기업 입장에서 보면, 통관은 단순히 세관절차를 의미하는 것이 아니다. '입항 → 반입 → 수입신고 → 신고수리 → 물품반출'의 전 과정이 통관이다. 하지만 관세청의 통관 개념은 이보다 훨씬 좁았다. '수입신고 → 신고수리'까지가 통관이다. 전체 통관시간 13.3일 중 1시간 30분이 여기에 소요된다. 따라서 이 시간을 아무리 줄여도 기업 입장에서는 감흥이 오지 않는 것이다. 좁은 개념세계에서는 아무리 열심히 개선해도 효과가 크지 않기 때문이다.

이러한 관세청의 통관 개념세계에 변화가 일어났다. 변화의 조짐은 2003년부터 나타나기 시작했다. 이즈음에 '초일류'라는 개념이 등장했다. 비록 초일류라는 단어가 추상적이긴 하지만, 여기에는 관세청이 가지고 있던 개념세계를 변경하고 확장하는 의미가 담겨 있었다. 일례로, 통관 개념을 기존의 '수입신고 → 신고수리'에서 기업의 관점인 입항에서 반출까지로 확대했다(〈그림 3-1〉 참조). 이것을 관리하는 시스템도 단순히 '수입신고→신고수리'를 관리하는 통관소요시간관리시스템에서 전 화물처리단계(입항 → 반입 → 수입신고 → 신고수리 → 물품반출)를 관리하는 화물반출시간관리시스템으로 변경했다(2003.10~12). 이러한 개념변경이 결국 관세청을 또 다른 자기창조의 길로 인도하게 된다.

  개념변경이 일어나면 자기참조지표 역시 새로운 개념에 맞추어 바뀌어야 한다. 개념이 변경되었는데 자기참조지표가 변경되지 않는다면 자기창조 행위는 곧바로 중단되거나 엉뚱한 길로 빠지게 된다. 관세청의 변화가 의미 있는 이유는 개념변경을 뒷받침하는 자기참조지표의 변경 역시 적절히 일어났기 때문이다. 이에 대해서는 뒤에서 자세히 설명될 예정이다.

••• **개념**변경과 **비전**의 관계

  여기서 혹시 오해가 있을지도 모르는 문제를 하나 짚고 넘어가자. 개념변경과 비전의 관계다. 자기창조는 개념변경과 자기참조지표 변경을 통해 새로운 정신모형을 구축하는 것에서 시작한다. 일반적으로 비전이 중요하다고 비추어지고 있지만 자기창조를 위해서는 개념변경이 무엇보다 중요하다. 물론 개념변경과 비전이 서로 무관한 것은 아니다. 비전이 미래의 자화상에 해당한다면 개념변경은 조직의 새로운 정체성(미션)을 규정하거나 비전에 이르는 새로운 길을 지시하는 역할을 한다. 이에 비해 비전은 미래의 모습을 시각화해주는 좋은 장치다.

비전설정과 개념변경 중 어떤 것이 우선시되어야 할까? 결론부터 말한다면, 우선순위는 큰 의미가 없다. 비전이 설정되고 개념변경이 일어날 수도 있다. 높은 목표와 미래의 자화상이 설정되고, 이것을 달성하려면 현재의 방법으로는 어렵다는 인식이 개념변경을 유도할 수 있다. 반대도 가능하다. 어떤 일을 계기로 현재의 방식에 대한 회의감이 제기되면 개념변경이 일어난다. 이처럼 개념변경이 일어난 후 자신의 미래 자화상인 비전을 그릴 수 있다. 변해야 하는 방향을 결정하고 이를 통해 무엇이 될 것인가를 결정하는 방식이다.

어떤 방법이 되었든지, 비전만으로는 자기창조에 이르지 못한다는 사실을 주목해야 한다. 아무리 비전이 훌륭해도 개념변경이 없으면 현재의 루틴을 총체적으로 바꾸는 방향을 잃게 되기 때문이다.

개념변경과 자기참조지표 변경은 자기창조의 시작을 여는 매우 중요한 현상이다. 개념변경과 자기참조지표 변경을 하기 위해서는 제2장에서 다룬 갭 인식과 삶의 지배자 변경이 이루어져야 한다. 갭 인식은 현재의 삶의 개념과 자기참조지표에 문제가 있음을 알려주는 경종과 같은 역할을 한다. 삶의 지배자가 바뀌어야 나만의 편의나 이익을 위한 루틴이 타인과 함께하는 루틴으로 채워질 수 있다. 이 두 가지를 변경함으로써 자기창조의 길로 들어설 수 있게 된다.

Part 2

자기창조
조직
첫발 내딛기

Self Creation **4**

일차 메커니즘 작동시키기

••• 자기창조의 시작

　　　　　　자기창조를 경험하지 못한 조직이 자기창조를 시작하려면 어떻게 해야 할까? 이번 장에서부터 다루어질 내용이다. 본격적으로 이야기를 시작하기 전에 조직의 속성을 이해하는 데 도움이 되는 설명을 먼저 꺼내려고 한다.

　뇌는 어떤 방식으로 작동할까? 이에 관하여 두 가지 시각이 있다. 뇌는 위계적으로 작동한다는 주장이 하나다.[7] 다른 하나는 뇌는 네트워크적으로 작동한다는 주장이다.[8] 첫 번째 주장은 뇌에는 특정한 기능을

---

[7] Spruijt, B. M. (2001), "How the Hierarchical Organization of the Brain and Increasing Cognitive Abilities May Result in Consciousness", *Animal Welfare*, 10(1), 77~87.

관장하는 부위들이 있는데 이들이 위계적으로 구조화되어 있다고 생각한다. 예를 들어, 좌뇌는 논리적이거나 언어적인 기능들을 담당하고, 우뇌는 상상력이나 직관 같은 기능들을 담당한다는 것이다. 그런데 이들을 통합하는 기능이 전두엽, 다시 말해 이마 쪽에 있는 뇌에 있다. 이 뇌가 사령부와 같은 역할을 하여 모든 기능을 통제한다는 논리다.

두 번째 주장은 조금 다르다. 뇌는 사령부와 같은 지시 뇌와 그 명령을 받는 종속 뇌가 있는 것이 아니라, 독자적으로 기능하는 부위들이 동시에 활성화되면서 작동한다는 주장이다. 그래서 일련의 네트워크적 협력을 통해 뇌가 작동한다는 것이다. 두 가지 주장이 팽팽하게 맞서고 있지만, 뇌는 위계적이며 네트워크적인 2개의 메커니즘이 동시에 작동한다고 이해하면 큰 무리가 없을 듯싶다.[9]

조직의 작동원리도 이와 유사하다고 할 수 있다. 조직은 위계적이며 네트워크적 특징을 가지고 있다. 네트워크적 특징부터 이야기해보자. 조직 내에 네트워크가 생기는 이유는 업무분화 때문이다. 동네 슈퍼마켓을 보자. 공급업체로부터 물건을 사들이는 사람, 사들인 물건을 창고에 정리하는 사람, 창고에 있는 물건을 매장에 진열하는 사람, 매장 입구에서 물건 값을 계산하고 돈을 받는 사람, 이들을 관리하는 사람, 수지타산을 따져보기 위해 회계와 경리를 처리하는 사람 등등. 많은 역할

---

[8] Sporns, O., Chialvo, D.R., Kaiser, M. and Hilgetag, C.C.(2004), "Organization, Development and Function of Complex Brain Networks", *Trends in Cognitive Sciences*, 8(9), 418~425.

[9] Zhou, C., Zemanová, L., Zamora, G., Hilgetag, C.C. and Kurths, J.(2006), "Hierarchical Organization Unveiled by Functional Connectivity in Complex Brain Networks", *Physical Review Letters*, 97(23), ID : 238103.

을 하는 사람들이 있기 마련이다.

이들은 기능별로 구분되어 움직이고 있지만 서로 입을 다물고 일하는 것은 아니다. 당장 새로운 물건을 구입하려던 구매담당자와 경리담당자가 서로 연계되어야 한다. 창고에도 빈 공간을 마련해놓으려면 매장 담당직원의 협조가 필요하다. 이처럼 하나의 사안이 발생하면 조직 내 상호 연관된 기능들 사이에 호응이 일어나야 한다. 조직 내의 구성원들이 서로 협력하며 호응하는 현상을 '공명'이라고 한다. 어떤 조직이 살아있는 네트워크인가 죽은 네트워크인가는 공명현상이 제대로 일어나고 있는지의 여부에 달려 있다.

네트워크적 특성이 수평적 분화와 관련이 있다면 위계적 특성은 수직적 분화와 관련이 있다. 수직적 분화란 최고의사결정자에서 말단직원에 이르는 계층적 분화를 말한다. 어떤 조직이든 계층적 분화는 반드시 일어난다. 이유는 간단하다. 조직이 커지기 때문이다. 조직이 커지면 업무들 간의 군집화 현상이 일어난다.

유사한 업무들 사이에 군집화가 일어나기도 하고, 일의 흐름에 따라 군집화가 일어나기도 한다. 앞의 현상이 나타나면 기능부서가 만들어지고, 뒤의 현상이 나타나면 프로세스에 따른 팀이 만들어진다. 부서든 팀이든 거기에는 장이 필요하게 마련이다. 다양한 부서나 팀으로 군집화된 많은 사람들을 최고의사결정자가 혼자 관리하기 힘들기 때문이다. 그래서 일종의 최고의사결정자의 분신들이 기능부서나 팀을 관리하게 된다.

기능부서와 팀이 많아지면 그 위에 또 다른 군집화 현상이 나타난다.

국내영업, 미주영업, 아시아영업 등과 같이 영업부서가 분화되어 있다면 영업본부와 같은 상위조직이 만들어지게 마련이다. 다른 영역에서도 이와 유사한 군집화 현상이 일어나면 조직은 전체적으로 피라미드 형태를 이루게 된다. 그 정점에는 최고의사결정자가 있다. 이렇게 구조화된 모습을 위계적이라고 한다.

모든 조직은 위계적 특성과 네트워크적인 특성을 모두 가지고 있다. 하지만 이들이 항상 균형을 이루는 것은 아니다. 위계적 특성의 비중이 높을 수도 있고 반대로 네트워크적인 특성이 높을 수도 있다. 위계적 특성이 두드러지게 나타나는 조직은 수직적 명령체계를 매우 중요시한다. 최고의사결정자의 결정이 말단직원까지 빠르게 전달되어 집행될 수 있도록 하기 위해서다. 그러다 보니 많은 권한이 조직의 상층부에 집중된다. 대표적으로 관료적 조직을 들 수 있다. 네트워크가 발달된 조직은 수평적으로 분화된 업무 주체들 간의 협력과 통합을 매우 중요시한다. 협력과 통합이 잘되려면 업무 주체들 사이에 의사소통과 상호작용이 긴밀히 이루어져야 한다. 따라서 네트워크를 중요시하는 조직은 위계적 명령체계가 상대적으로 약화될 수 있다.

위계적 특성이 강한 조직과 네트워크적 특성이 강한 조직 중 자기창조가 일어나기 쉬운 조직은 아무래도 후자다. 네트워크적 특성이 강한 조직은 상하 수평 간의 의사소통이 자유로울 뿐만 아니라, 의사결정권이 조직의 하부에 위양되어 기존의 루틴을 버리고 새로운 루틴을 받아들이는 것이 수월하다. 하지만 많은 조직은 극단적인 위계성이나 네트워크적 상태에 놓여 있지 않다. 일반적으로는 두 가지가 혼합되어 있다.

벤처기업처럼 설립된 지 얼마 안 되거나 규모가 작은 조직은 위계성이 네트워크적인 속성보다 낮다. 이런 조직에서는 오랫동안 굳어진 관행과 같은 루틴이 적게 마련이다. 하지만 조직의 규모가 커지면 위계적 성향은 큰 폭으로 증가된다. 소위 관료화 성향이 나타난다. 이런 조직에서는 상황이 달라진다. 관행적인 루틴이 대폭 늘어나면서, 이들을 바꾸는 것이 쉽지 않게 된다.

네트워크적인 속성보다 관료적 속성이 더 큰 조직들은 자기창조를 어떻게 시작해야 하는가? 우선적으로 조직을 2개의 집단으로 분리하는 것이 필요하다. 그 하나가 일차집단이다. 일차집단이란 자기창조를 위해 최고의사결정층에 의해 선정된 집단을 말한다. 다른 하나가 이차집단이다. 이차집단이란 일차집단을 제외한 나머지 조직 전체 구성원들을 말한다. 이렇게 집단을 구분하는 이유는 네트워크적인 속성에 비하여 위계성이 높아진 조직에서 자기창조가 원활히 일어나도록 하기 위해서다. 일차집단은 조직의 위계성에 기초하여 조직변화를 시도하는 집단이다. 자기창조의 점화가 일차집단의 역할이다. 이차집단은 조직의 네트워크적인 속성을 활용하여 변화를 시도하기 위한 나머지 집단이다. 일차집단에서 점화된 변화를 수용하여 조직 전체의 변화로 이끌어가는 역할을 담당한다.

일차집단에 의한 자기창조의 점화에는 순서가 있다. 먼저 조직의 정신모형을 변경하는 작업을 해야 한다. 일반적으로 조직의 정신모형을 변경하는 것은 최고의사결정층에서부터 시작된다. 강력한 의사결정권을 가진 계층에서 정신모형이 변경되면 기상학자들이 말하는 '나비효과'를 얻을 수 있다. 나비효과[10]는 날씨가 갑작스럽게 변하는 현상을 은유적으로 설명한 것이다. 양자강의 나비 한 마리의 날갯짓이 다음 달 미국 뉴욕에서 큰 폭풍의 원인이 될 수 있다는 이론이다. 나비의 날갯짓으로 인한 주위의 미세한 변화가 증폭되어 거대한 기후변화를 일으킬 수 있음을 빗댄 것이다.

조직의 자기창조는 급격한 기후변화와 같은 속성을 지니고 있다. 기후변화를 일으키는 나비의 날갯짓에 해당하는 것이 정신모형의 변경이다. 특히 최고의사결정층에서의 정신모형 변경은 그 효과가 매우 크다. 이들은 조직 전반의 현상을 볼 수 있는 위치에 있을 뿐만 아니라 자원을 자유자재로 활용할 수 있는 재량도 있기 때문이다.

●●● 일차 메커니즘과 이차 메커니즘

오늘날 중국이 자본주의 국가로 변신하는 데 결정적 역할을 한 사람은 덩샤오핑(鄧小平)이다. 덩샤오핑은 죽었지만 지금 중국은 그의 정신모형을 바탕으로 무서운 기세로 성장하고 있다. 그 내면을 들여다보면 자본주의, 그것도 철저한 자본주의적 사고들로 가득 차 있다.

---

[10] Lorenz, E. N. (1993), *The Essence of Chaos*, Seattle, WA : University of Washington Press.

덩샤오핑 정신모형의 핵심은 '묘론(猫論)'에 있다. "흰 고양이든 검은 고양이든 쥐만 잘 잡으면 좋은 고양이다(不管白猫黑猫, 能抓到老鼠就是好猫)."라는 것이다. 이 이론은 압축하여 '흑묘백묘론(黑猫白猫論)'으로 알려져 있다. 자본주의냐 사회주의냐의 논쟁이 가열될 때마다 그는 묘론으로 국민들을 설득했다. 원래 묘론은 사천성의 속어였다. 이 속어를 덩샤오핑은 새로운 중국 창조를 위한 개념으로 사용한 것이다. 성장이냐 분배냐의 논쟁이 일어나자, 그는 '선부론(先富論)'을 제시했다. 아랫목이 따뜻해져야 윗목이 따뜻해진다는 것이다. 우선 부자가 되어야 나누어 줄 것도 생긴다는 논리다. 그는 연안지방을 먼저 개발하면 자연스럽게 내륙지방도 발전된다는 메시지를 국민들에게 던졌다.

여기서 덩샤오핑을 소개하는 이유는 의사결정을 주도하는 최고의사결정층의 정신모형 변경이 조직에 미치는 파급효과를 설명하기 위해서다. 하지만 최고의사결정층의 정신모형이 변경되었다고 해서 조직의 모든 루틴이 순식간에 바뀌는 것은 아니다. 조직의 루틴이 바뀌려면 변경된 정신모형이 조직의 모든 구성원들과 공유되어야 한다. 이를 '공유된 정신모형'[11]이라고 한다. 공유된 정신모형이 생기려면 공명(consonant)과 증폭(amplification) 현상이 일어나야 한다. 조직의 많은 사람들이 새로운 정신모형, 즉 새로운 자기개념과 자기참조지표에 동조하는 것을 공명이라고 한다. 한쪽의 소리 말굽쇠가 울리면 다른 쪽의 말굽쇠도 울리는 현상이 공명이다.

---

[11] Kim (1993) (앞의 논문)

여기에는 두 가지 메커니즘이 필요하다. 하나는 일차집단을 중심으로 한 공명이다. 일차집단을 중심으로 일어나는 공명을 '일차 메커니즘(primary mechanism)'이라 부르기로 한다. 일차 메커니즘은 자기창조의 방향을 제시한다는 측면에서 매우 중요하다. 사실 정신모형은 매우 추상적인 것이다. 이 정신모형을 구체화 하는 작업이 일차집단에 맡겨진 임무이고 이런 일을 해내는 것이 일차 메커니즘이다. 이것을 통해 전체 구성원들에게 자기창조의 방향에 대한 메시지를 던질 수 있다.

일차집단에 의하여 자기창조가 점화되어지면 일차집단을 넘어서 전 조직원인 이차집단의 공명을 얻는 것이 두 번째 할 일이다. 이것을 '이차 메커니즘(secondary mechanism)'이라고 한다. 이때 일어나는 현상이 증폭이다. 즉 일차집단의 공명이 이차집단으로 전이되는 현상을 말한다. 월드컵이 열리던 해, 붉은 악마 열풍이 세상을 놀라게 했다. 엄청나게 많은 사람들이 서울시청 앞에 모여 대한민국을 응원했다. 이런 현상 역시 일차집단과 이차집단 사이의 증폭현상에 의해 일어난다. 일차집단은 붉은 악마가 좋아 전 세계 어디든지 그들과 함께 가는 조직화된 사람들을 말한다. 이들의 열정이 무수히 많은 사람들로 구성된 이차집단에게 전달되는 현상이 증폭이다.

관세청의 변화도 개념변경과 일차 메커니즘을 중심으로 시작되었다. 2003년 5월, 새로운 김용덕 청장의 취임으로 관세청은 개념변경의 계기를 마련하게 된다. 내부 사정을 잘 알고 있던 핵심간부층과 깊은 교감이 이루어지기 시작했다. 관세청의 변화 방향을 오래전부터 인식하고 있던 차장과 국장급 핵심간부들이 이들이다.

관세청의 개념변경은 두 가지 방향으로 이루어졌다. 하나는 자신을 규제자에서 서비스 제공자로 인식의 전환을 하는 것이었다. 서비스 제공자로의 개념변경으로 관세청은 타인 관점에서 자신의 서비스를 바라보는 눈을 갖게 된다. 그동안의 서비스는 그야말로 자신의 입장에서 정의된 협소한 것이었다. 개념변경의 핵심은 이것을 남의 입장에서 광의로 해석하자는 것이다. 또한 부분 시각이 아닌 토털(total) 시각을 갖자는 의도도 숨겨져 있다. 타인은 한두 가지의 변화로는 만족하지 못하기 때문에 관련성이 있는 모든 것을 동시에 변화시켜야 한다는 것이 토털사고다. 이들에 대한 증거가 제3장에서 다루어진 수입화물 통관절차 개선 사례다.

두 번째의 개념변경은 서비스 품질의 깊이였다. 서비스 품질을 세계적 수준으로 끌어올려보자는 것이다. 지금까지의 서비스 개선은 시혜적 성격이 강했다. 그러다 보니 적정한 수준에 이르면 스스로 만족했던 것이 사실이다.

이 두 가지가 완성되는 미래의 상태를 '초일류'로 규정지었다. 그래서 얻은 비전이 '동북아 경제 중심 실현을 위한 초일류세관'이다. 사실 '초일류'는 매우 추상적인 단어였다. 이를 보완하기 위해 관세청은 네 가지의 구체적인 변화 방향을 설정했다. 물류체계의 총체적 변화를 모색하기 위한 통관행정혁신, 효과적인 국경관리를 위한 과학적 종합감시체계 구축, 완전한 전자무역 시대를 열기 위한 정보시스템 고도화 그리고 관세청의 일하는 모습을 전면적으로 바꾸기 위한 업무혁신을 큰 축으로 잡았다(〈그림 4-1〉 참조).

그림 4-1 관세청의 자기창조 방향

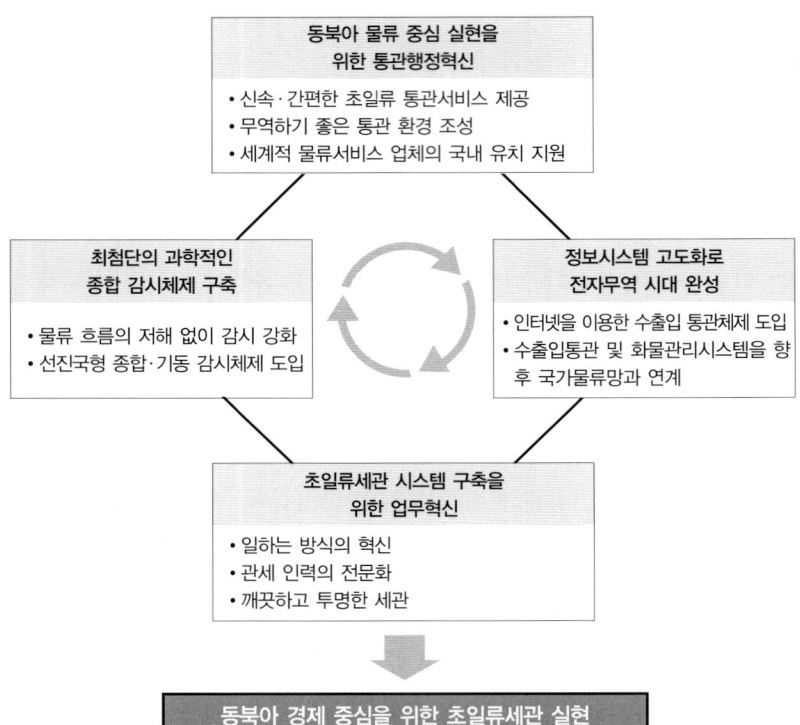

핵심 개념이 변경되자 본격적으로 일차 메커니즘이 작동되기 시작했다. 우선 일차 메커니즘에 참여할 사람들이 선발되었다. 일차집단에는 관세청 최고의 엘리트들이 참여했다. 여기에는 관련 기능부서의 장이 반드시 포함되었다. 이렇게 구성된 일차집단을 관세청장의 직속하에 두고 최고의사결정자와의 긴밀한 의사소통이 가능하도록 했다. 그리고 이들을 '초일류세관 추진기획단'이라 명명했다.

동북아물류팀에는 통관지원국장, 통관지원과장, 수출입통관물류과장, 특수통관과장, 종합심사과장이 포함되었다. 항만감시선진화팀에는 조사감시국장, 감시과장이 참여했으며 정보시스템고도화팀에는 정보협력국장, 정보관리과장, 정보관리과장을 참여시켰다. 마지막으로, 업무혁신팀에는 정책홍보관리관, 인사기획관, 감사담당관 등을 참여시켰다. 참여한 사람들은 모두 기능부서의 장이거나 핵심인력들이었다. 이들이 담당한 역할은 하위개념들을 구체적인 과제로 전환하는 것이다.

보통 이 단계에서 많은 기업이나 기관이 실수를 저지른다. 우선, 일차집단에 기업이나 기관의 최고 엘리트들을 참여시키지 못하는 우를 범한다. 일차집단에 최고 엘리트들이 참여하지 않으면 조직의 변화는 거의 불가능하다. 최고가 아닌 사람들이 내놓는 아이디어는 설득력이 떨어지기 때문이다. 다음으로, 일차집단에 기능부서의 장이 참여하지 못하거나 형식적 참여에 그치게 만든다. 변화는 저항을 가져오게 마련이다. 익숙한 것을 버리고 새로운 그 무엇을 하는 것은 당위를 떠나서 귀찮고 힘든 일이다. 특히 현업에서 당장 성과를 내야 하는 중간관리자들은 새로운 변화가 불확실하게만 보인다. 이런 상황에서 기능부서의 장이 일차집단에 포함되지 못하면 새로운 루틴을 적용하기가 쉽지 않게 된다.

기능부서의 장이 일차집단에 참여해야 하는 또 다른 이유는 이차 메커니즘과 관련이 있다. 아이디어가 만들어지는 단계에서부터 중간관리자들이 참여하게 되면 그 과정을 통해 변경된 개념세계를 명확히 이해하고 실행시킬 수 있다. 이것을 통해 정신모형을 공유할 수 있게 된다.

••• **일차집단**의 개방화

일차집단을 구성하고 운영하는 시점에서 염두에 두어야 할 점이 또 있다. 일차집단을 개방시스템으로 간주하고 관리해야 한다는 점이다. 시스템에는 두 가지가 있다. 폐쇄시스템(closed system)과 개방시스템(open system)이 그것이다. 폐쇄시스템은 외부와의 상호작용이 없거나 최소화된 시스템을 말한다. 이에 반해 개방시스템은 외부와의 소통이 원활한 시스템이다. 당연히 일차집단은 폐쇄시스템이 되어서는 안 된다.

물리이론에 폐쇄시스템의 운명을 예견한 법칙이 있다. 그것은 열역학 제2법칙으로, 모든 물질의 엔트로피[12]는 증가한다는 법칙이다. 이 법칙은 유용한 에너지가 쓸모없는 열에너지로 변해가는 현상을 설명한 것이다. 엔트로피란 에너지의 질적인 쇠퇴나 물질의 무질서도가 증가하는 현상을 의미한다. 한마디로, 어떤 물질이든 질서 있는 상태에서 무질서한 상태로 변하거나 유용한 상태에서 쓸모없는 상태로 변해간다는 것이다. 아무리 잘 지은 집도 돌보지 않으면 허물어지게 마련이다. 왜냐하면 집 역시 열역학 제2법칙인 엔트로피 증가의 법칙에서 자유롭지 못하기 때문이다.

일차집단이 폐쇄시스템으로 구성되면 이 역시 엔트로피 증가의 법칙에서 자유스러울 수 없다. 이것을 방지하는 유일한 방법은 외부로부터 에너지를 지속적으로 공급받는 길뿐이다. 이를 위해서는 폐쇄시스템을

---

[12] Clausius, R. (1879), *The Mechanical Theory of Heat*, London : MacMillan.

개방시스템으로 만들어주어야 한다.

개방시스템이 되면 열역학 제2법칙에서 자유로워지는 현상이 생명체에서 관찰되었다. 열역학 법칙에 의하면, 생명체 역시 엔트로피가 증가하여 죽어야 한다. 하지만 생명체에서는 오히려 구조가 복잡해지고 질서가 증가하면서 생명이 유지되는 현상이 발견되었다. 이유는 외부로부터 끊임없이 에너지를 공급받아 역 엔트로피를 형성하기 때문이었다. 식물은 태양에너지를 공급받아 잎과 열매를 맺고 크기가 커진다. 역 엔트로피 현상이 나타난 것이다. 역 엔트로피를 형성하는 시스템을 개방시스템이라고 한다.

일차집단 역시 구성만 하고 그대로 방치해두면 엔트로피가 증가하게 된다. 결국 쓸모없이 사람만 모아놓고 아무런 역할을 하지 못하는 상황에 빠질 수 있다. 이렇게 되는 것을 막기 위해서는 반드시 외부로부터 지속적으로 에너지가 공급되어야 한다. 일차집단에서 조직의 자기창조를 유도할 만큼 역 엔트로피가 형성되기 위해서는 두 가지 에너지 흐름이 작동되어야 한다. 정보 에너지와 몰입 에너지가 그것이다.

앞의 것은 외부와의 끊임없는 정보교환을 의미한다. 바깥세상에서 일어나는 변화의 정보가 시스템 내로 전달되어야 함을 말한다. 이 정보교환이 매우 중요하다. 이것은 두 가지 역할을 한다. 하나는 일차집단의 기존 사고를 허무는 일을 한다. 폐쇄시스템에 갇혀 있으면 외부 정보에 둔감할 수밖에 없다. 이런 상태에서 만들어진 아이디어는 기존의 사고를 벗어나기 어렵다. 보다 창의적 아이디어를 얻기 위해서는 이들의 인지구조를 흔들어놓아야 한다.[13] 다른 하나는 최고의사결정자와 그를 돕는 핵심계층의 강력한 몰입이다. 이들의 몰입은 일차집단에서 역 엔트로피를 생성하는 핵심 에너지로, 비커에 들어 있는 물을 끓게 만드는 연료와 같은 역할을 한다.

관세청은 일차집단을 개방시스템화 하는 노력을 취했다. 우선 외부와의 정보교환을 극대화하기 위한 조치가 강구되었다. 일차집단에 대하여 상호 보완적인 2개의 협의체가 구성되었다. 일차집단에서 만들어질 아이디어의 편협성을 줄이고 과제수행의 질적 향상을 돕기 위한 보완장치를 둔 것이다. 일차집단의 견제와 과제수행을 비판적으로 점검하기 위한 협의체를 '초일류세관 추진위원회'라고 이름 지었다. 이 위원회는 학계, 산업계, 시민단체에 있는 사람들로 구성되었다. 여기서 제기되는 문제는 반드시 실행하는 것을 원칙으로 삼았다.

또 다른 협의체로 과제추진팀별 자문위원회를 들 수 있다. 이들은 일차집단과 협업하면서 과감한 아이디어를 도출할 수 있도록 지원하는 역할을 담당했다. 네 가지 자문위원회가 구성되었다. 동북아물류팀에는 무역협회, 관세사회, 관세협회, 관세학회, 선주협회, 복합운송협회, 대한항공, 아시아나항공, 페덱스(FEDEX), DHL, 인천공항공사에서 나온 사람들이 자문위원으로 배치되었다. 항만감시선진화팀에는 관세무역원, 선주협회, 부산항부두공사, 인천항부두공사, 허치슨부산터미널, 삼성SDS 등이 참여했다. 정보시스템고도화팀은 엘지씨앤에스(LGCNS), 한국무역정보통신(KTNET), 한국전산원, 산업연구원, 삼성SDS, 관세무

---

13 Nonaka, I.(1994), "A Dynamic Theory of Organizational Knowledge Creation", *Organization Science*, 5(1), 14~37.

역원 등으로 구성되었다. 업무혁신팀에는 관우회, 관세협회, 관세사회, 복합운송협회, 반부패국민연대, 수자원공사, 한국능률협회, 한국생산성본부 등이 자문위원으로 참여했다. 추진위원회와 자문위원회를 이용하여 관세청은 외부의 정보를 효과적으로 유입시키기 위한 노력을 기울였다.

관세청은 다른 방식의 외부 정보 유입도 시도했다. 3개의 팀을 중심으로 해외 벤치마킹이 실시되었다. 해외통관 물류관리 및 통관제도를 벤치마킹하기 위해 네덜란드, 홍콩 그리고 싱가포르를 방문했다. 무역업체의 자율을 존중하는 납세시스템 구축을 위해 미국을 벤치마킹했다. 통관 단일창구를 구축하기 위해 벨기에와 호주를 방문했다. 벤치마킹을 통하여 하나의 결론이 도출되었다. 통관 소요시간을 싱가포르, 네덜란드 수준으로 단축해야 초일류 수준에 도달할 수 있다는 것이었다. 화물은 입항에서 반출까지의 총 소요시간을 기존의 13.3일에서 5일 이하로 단축하기로 했다. 여행자는 국제민간항공기구(ICAC) 권장속도인 45분보다 빠르게 개선하기로 했다.

이렇게 얻은 정보를 기준으로 5차에 걸친 추진기획단 회의를 개최하여 최종적으로 80대 과제를 확정했다. 이들 과제는 3개년에 걸쳐 단계적으로 추진되는 것으로 기획되었다. 1차 년도에는 성공체험을 이끌어 낼 수 있는 과제에 집중하기로 했다. 변화에 대한 자신감과 변경된 개념의 확실한 전파를 위해서다. 2차 년도에는 관세청의 일하는 방식을 바꾸는 과제에 집중하기로 했다. 이를 통해 구성원들의 사고와 조직문화를 변화시키고자 한 것이었다. 3차 년도에는 관세청의 비전이 궁극적으로 달성될 수 있는 과제를 수행하고, 지속적인 변화를 유지할 수 있는 제도적 장치를 마련하는 것을 목표로 삼았다.

일차집단에 의해 만들어진 과제들은 기능부서가 책임을 지고 실행하기로 했다. 기능부서는 개별 과제 하나하나마다 과제실행 태스크포스(TF)팀을 구성했다. TF팀은 부서 간 과장 및 실무자들과 수없이 회의를 하고 과제해결을 위한 실무회의를 반복했다. 이렇게 해서 합의 도출이 가능한 경우도 있었지만 기능부서의 협조를 얻지 못하는 경우도 있었다. 그러한 경우에는 지체 없이 청장에게 보고되었고, '청장 지시사항'으로 과제의 차질 없는 추진이 독려되었다. 추진 과정들은 주기적으로 초일류세관 추진위원회에 보고되어 과제실행의 동력이 떨어지지 않도록 했다.

과제실행의 동력은 최고의사결정자가 참여하는 점검회의에 의해서도 유지되었다. 본청 국·실장 그리고 본부세관장이 참여하는 혁신전략회의가 분기별로 열렸다. 이를 보다 세분화된 월간 혁신점검회의에는 본청 국·실장들이 참여했다. 이러한 조치들은 몰입에너지를 유지시키려는 노력의 일환이었다.

Self Creation 5
자기창조 성공체험

　일차집단의 활동은 자기창조를 할 수 있느냐 없느냐를 가늠하는 풍향계와 같다. 자기창조를 하기 위해서는 상징성을 갖는 핵심 과제를 반드시 성공시켜야 한다. 이것을 '성공체험'[14]이라고 한다. 성공체험은 매우 중요하다. 자기창조의 성패가 성공체험의 경험 여부에 달려 있기 때문이다.

　성공체험은 설득의 의미를 담고 있다. 하나는 자기설득이고 다른 하나는 타인설득이다. 자기설득이란 일차집단에 참여하는 사람들이 스스로 자신들의 행동에 확신을 갖는 것을 말한다. 일차집단 자체가 자신들이 하는 일에 회의적이면 자기창조는 절대 일어날 수 없다. 타인설득이란 일차집단에 참여하지 않는 다른 구성원들을 설득하는 것을 말한다.

---

[14] Kotter, J. P. (1996), *Leading Change*, Boston, MA : Harvard Business School Press.

일차집단에 참여하는 사람들의 행동이나 결과물을 보고 어떤 일이 전개되고 있으며 내가 무엇을 해야 하는지를 알려주는 역할을 한다. 일차집단의 활동에서 아무런 결과를 얻을 수 없다면 타인설득은 어렵게 되고, 따라서 자기창조 활동도 어려워진다. 성공체험에는 몇 가지 요령이 필요하다.

••• 상징적 **과제 선정**하기

먼저 새로운 개념세계를 가장 잘 보여주는 과제를 선정해야 한다. 성공체험이 중요하다고 해서 한두 개의 과제를 무조건 성공시키라는 것이 아니다. 새로운 개념세계와 무관한 과제는 성공을 해도 아무런 효과가 없다. 인과관계가 없기 때문이다.

관세청이 일차집단을 통해 심혈을 기울여 성공시키고자 한 과제가 있었다. 수입화물 통관처리시간 단축이었다. 수입화물의 통관처리시간을 단축하는 것은 관세청이 설정한 새로운 개념이 무엇을 의미하는지를 알려주는 상징적 과제였다. 앞에서도 설명되었지만, 과거에는 관세청에 부과된 고유 업무, 즉 수입신고에서 신고수리에 이르는 세관절차 통과시간만을 줄이는 좁은 영역에 집중했다. 하지만 새로운 개념은 기업의 관점에서 통관시간을 줄이는 것이다.

우선 입항에서 반출에 이르는 전 과정 중에서 입항에서 신고수리까지의 과정을 단축시키는 것을 일차 목표로 삼았다(〈그림 5-1〉 참조). 지금까지는 이 과정을 통과하는 데 2003년 기준으로 약 9.6일이 소요되었는데 이것을 2년 후 4.5일로 단축하는 것을 목표로 삼았다. 4.5일은 벤치마킹의 대상이 되었던 싱가포르 공항의 통관시간이었다. 일본도 5일에 불과했다. 관세청은 적어도 싱가포르 수준은 되어야 초일류세관에 도달할 것이라고 판단한 것이다. 2003년 9월 과제추진을 위해 본부와 일선 세관에서 차출한 일곱 명으로 팀이 구성되었다.

••• 과제의 **성공조건** 만들기

성공치험을 위한 두 번째 요령은 선정된 과제가 성공할 수밖에 없는 조건을 만드는 일이다. 그 중 하나가 현장과의 깊은 교감이다. 현장의 상황을 정확히 알수록 과제는 성공할 가능성이 높다. 대체로 이 과정에서 문제가 상당 부분 해결되기도 한다. 또 다른 하나는 실행 가능성을 높이기 위해 과제를 세분화 하는 일이다. 과제해결이 어려운 이유는 과제의 범위를 너무 크게 설정하는 데도 원인이 있다. 광범위한 과제는 큰 시각을 보는 데는 유리하지만 과제를 해결하는 데는 별 도움이 안 된다. 그러므로 과제는 가능한 좁고 작은 시각으로 세분화 할 필요가 있다. 과제의 폭이 좁아지면 문제의 복잡도가 줄어들어 그만큼 생각하기 쉬워진다.

관세청은 수입화물 통관처리시간을 단축하는 과제를 해결하기 위해 가장 먼저 현장으로 달려갔다. 예전의 그들이라면 현장의 업자들을 불러들여 이야기를 나누는 수준에서 문제를 해결하려 들었을 것이다. 그러나 이번에는 달랐다. 일단 현장의 목소리를 충분히 들어보기로 했다. 과제추진팀은 인천과 부산항에 2개월 동안 상주하면서 운송주선업자와 창고업자와 문제를 상의했다. 세관 통관절차상의 문제뿐만 아니라 지방자치단체 관할하에 있는 문제, 예컨대 교통체계 혼잡과 해양수산부 관할하에 있는 문제인 비효율적인 부두운영 등도 전반적으로 검토했다.

이러한 과정을 통해 수입화물의 통관을 지연시키는 커다란 문제들이 들어나기 시작했다. 물류 인프라의 절대적 부족으로 인한 부두적체, 부두와 도로 사이의 비체계적 관리로 인한 도로 혼잡, 수입화물의 장기 보관으로 인한 만성적 창고부족, 물류정보화 부실로 인한 물류 흐름 불확실성 등이 주요 문제로 드러났다. 이 중 도로나 창고를 새로 만드는 일은 비용과 시간이 많이 소요되었다. 그래서 이들은 일단 제외시키고, 주로 통관과 관련한 프로세스나 제도적 측면의 문제에 집중하기로 했다. 그래서 나온 것이 3대 분야의 36개 이행과제다. 물류 신속화 15개, 통관물류 허브화 13개, 물류 정보화 8개의 과제가 이들이다. 2004년 2월에 일어난 일이다. 〈그림 5-1〉은 이를 정리한 것이다.

각 분야와 관련한 몇 가지 예를 들어보기로 한다. 물류 신속화 문제를 살펴보자. 이와 관련한 핵심 쟁점은 외항선의 국내항 입항이었다. 외항선은 국내 항만 사이를 운행할 수 없게끔 되어 있었다. 그러다 보니

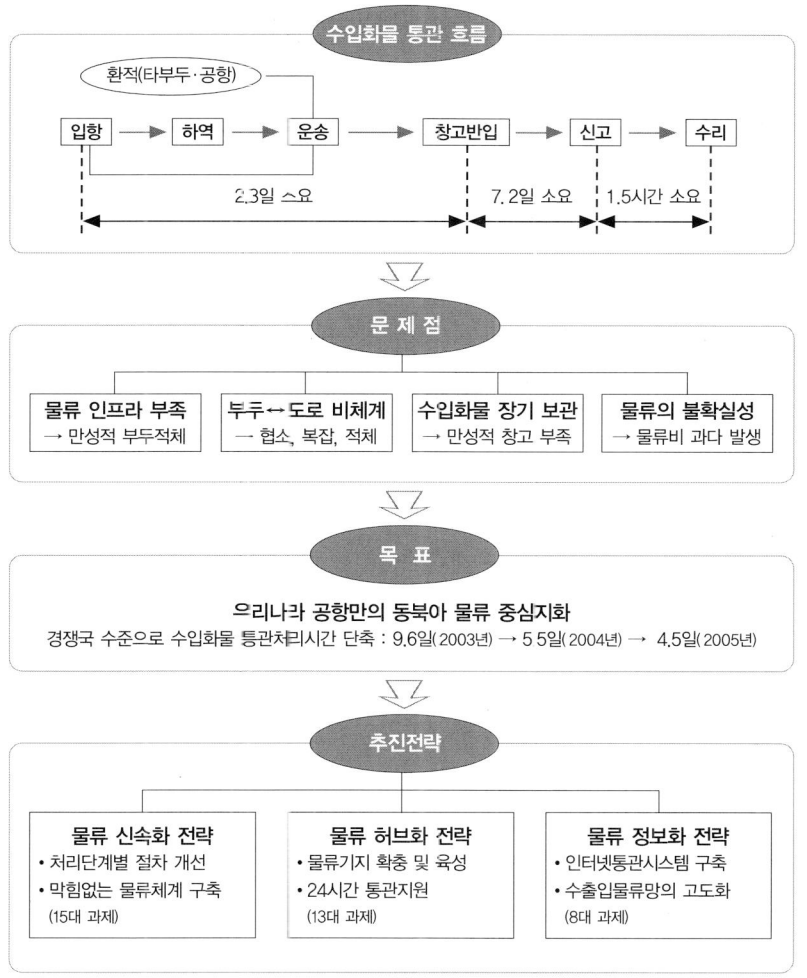

그림 5-1 수입화물 통관처리시간 단축 과제 추진

부산항에 입항한 외항선이 화물을 인천항에 환적할 경우 문제가 발생했다. 외항선이 직접 인천항으로 갈 수 없었기 때문이었다. 그래서 일

단 화물을 부산항에 하역한 후 육로를 통해 인천항으로 운반하는 번거로운 일이 벌어졌다. 이런 불편을 덜기 위하여 부산항을 기항으로 하는 화물은 부산항에 하역하고, 그렇지 않은 경우는 바로 인천항으로 입항할 수 있도록 하는 조치가 필요했다.

 물류 허브화를 위해서는 24시간 통관체제를 갖추는 것이 무엇보다 시급했다. 인천공항, 부산항 등의 주요 항만 거점이 24시간 근무체제를 갖추지 못하고 있었다. 그래서 저녁에 입항한 화물은 다음 날이 되어서야 세관을 통관할 수 있었다. 이 문제를 해결하기 위해서는 세관의 근무체제를 24시간으로 전환하여 실시간으로 통관을 지원하는 조치가 필요했다.

 물류 정보화와 관련해서는 기업들의 애로사항을 상시 수집하는 것이 필요했다. 부산항이나 인천공항은 기업들의 수입물품이 실시간으로 들어오는 곳이다. 그러다 보니 공항이나 항만 이용 혹은 세관절차에 대한 애로사항이 수시로 발생했다. 이런 문제들을 현장에서 곧바로 처리해 줄 수 있는 신고센터가 필요했다.

••• 성공체험을 위한 과제 전열 배치하기

성공체험을 위한 세 번째 요령은 과제해결의 우선순위를 정하는 것이다. 아무리 새로운 개념세계를 표현하고 현장의 목소리를 들어 과제를 확정하더라도, 이를 해결하는 데 많은 시간이 소요된다면 그 의미는 반감될 수밖에 없다. 그래서 세부과제의 난이도나 과제해결에 드는 시간에 따라 우선순위를 정해주는 조치가 필요하다. 가능하면 조기에 성공할 수 있고 비교적 효과가 큰 문제를 전면에 배치하는 것이 좋다.

관세청 역시 이러한 수순을 따랐다. 수입화물의 통관처리시간을 줄이기 위해 전체 36개의 과제를 문제의 시급성과 난이도에 따라 시간 순으로 분류했다. 우선 7개 과제는 조기 달성하는 것으로 결정했다. 24개 과제는 1년 이내 그리고 나머지 과제는 2년 이내에 달성하는 것으로 했다.

••• 과제해결팀에 건전한 긴장감 조성하기

성공체험을 위한 네 번째 요령은 과제해결팀이 건전한 긴장감을 갖도록 독려하는 것이다. 과제를 성공시키기 위해서는 적절한 환경을 조성하는 것도 필요하지만, 무엇보다도 중요한 것은 과제실행팀의 긴장감을 떨어뜨리지 않는 것이다. 긴장감이 너무 강해도 문제지만 적절한 수준의 긴장감이 없으면 과제해결의 몰입도가 떨어지게 마련이다.

이와 관련하여 관세청은 몇 가지 방법을 사용했다. 첫째, 관세청 자신에게 스스로 족쇄를 채웠다. 관세청은 언론에 수출입화물 통관처리 시간을 절반 이상으로 줄이겠다는 의지를 사전에 공표했다. 이것을 '자기구속'이라고 한다. 담배를 끊기 위해 주위에 담배를 끊는다는 사실을 알리는 것과 같은 이치다. 관세청은 또 다른 방식으로도 긴장감을 고조시켰다. 과제가 추진되면서 과제해결팀과 운명을 같이한 협의회가 있었다. 36개 과제를 검토하고 추인했으며 과제의 중간 상황을 점검하는 역할을 하는 '민관협의회'를 발족시킨 것이다. 이 협의회는 전체 32명으로 구성되었으며 시민단체, 언론계, 연구소, 각종 협회, 대학교수 등이 참여했다. 이를 통해 과제해결팀은 항상 시험을 보는 듯한 긴장감을 갖게 되었다.

••• 과제의 중간성과를 주위에 알리기

성공체험을 위한 다섯 번째 요령은 과제의 중간성과를 주위에 알리는 것이다. 성공체험이 중요한 가장 큰 이유는 자신과 주위를 설득해야 하기 때문이다. 중간성과를 점검하면 과제해결팀과 과제실행팀이 자신감을 가질 수 있다. 이것을 '자기설득'이라 함은 앞서 설명한 바다. 다음으로 중요한 것은 타인설득이다. 많은 구성원들이 과제의 성공에 대해 의심의 눈초리를 보내는 것은 당연하다. 이러한 시선을 이겨내기 위해서는 과제의 중간성과를 신속하게 알릴 필요가 있다.

관세청은 여기에 매우 충실했다. 과제가 진행되면서 실제로 줄어드는 수입화물 통관처리시간을 2개월마다 주기적으로 공표했다. 공표 대상을 관세청 직원으로 한정하지 않고 주위의 이해관계자들에게도 홍보했다. 사실 수입화물 통관처리시간을 단축하는 데 회의감을 갖는 사람들은 관세청 외부에도 많았다. 이들에게 과제가 성공적으로 진행되고 있음을 알리는 일 역시 매우 중요하다. 이들의 회의감을 공개적으로 무력화시킬 수 있는 방법이기 때문이다. 관세청이 수입화물 통관처리시간의 단축에 성공신호를 보낸 것은 과제를 시작한 지 얼마 되지 않은 2004년 2월이었다. 7개 과제를 수행했는데 결과는 대만족이었다.

••• 최고의사결정자의 지속적인 **몰입** 유지하기

성공체험을 위한 여섯 번째 요령은 최고의사결정자가 과제해결팀의 일원이 되는 것이다. 물론 최고의사결정자가 과제 자체의 수행에 직접 참여하는 것은 아니다. 하지만 과제해결팀에 준하는 강력한 스폰서 역할을 해주어야 한다. 이것은 과제 자체의 해결이라는 면에서도 중요하지만, 진행되고 있는 과제에 최고의사결정자가 얼마나 큰 관심을 갖고 있는지를 알리는 효과가 있다. 이를 통해 과제에 참여하는 과제해결팀은 역 엔트로피

그림 5-2 수입화물 통관처리시간 단축을 위한 성공체험 과정

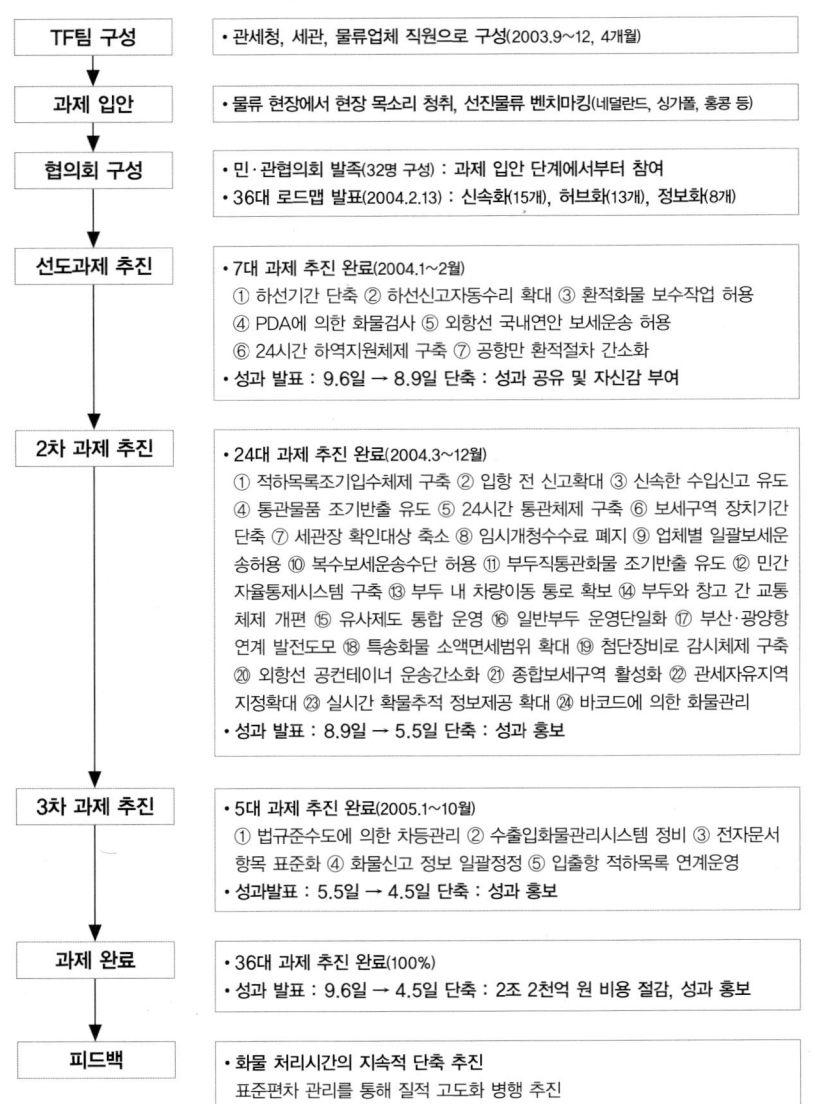

그림 5-3 성공체험 실현을 위한 방법

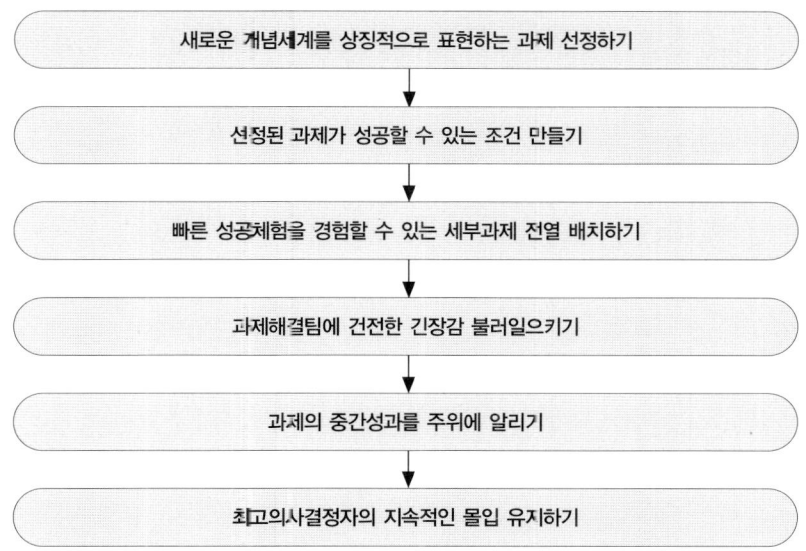

를 생성할 수 있게 된다. 최고의사결정자의 과제해결에의 몰입은 팀의 결속력을 다지는 데 결정적 역할을 한다.

관세청에서도 이와 같은 일이 일어났다. 과제가 내부갈등으로 난관에 부딪치면 최고의사결정자가 바로 해당부서에 지시사항을 내려보냈다. 창고업자나 운송업자의 협조가 필요한 이들에게는 개인서신을 발송하며 설득을 도왔다. 이러한 과정을 통해 2004년 12월 추가적인 24개 과제가 완료되었다. 통관시간은 2003년의 9.6일에 비해 5.5일로 줄어들었다. 마지막 5개의 과제가 성공적으로 수행되면서 2005년 12월 4.5일이라는 목표에 도달하게 된다. 이후 지속적인 과제의 발굴과 해결로

2007년에는 3.9일로 줄어들게 된다.

지금까지의 이야기를 정리한 것이 〈그림 5-2〉이다. 〈그림 5-3〉은 성공체험에 이르는 조건을 재정리한 것이다.

Self Creation 6

이차 메커니즘과 수직적 공진화를 위한 장치

●●● 수직적 **공진화**와 이차집단의 **동기화**

　　　　　　　　　　　자기창조와 유사한 현상을 경영학 교과서에서는 '대규모 변화(large scale change)' 또는 '단절적 변화'라고 한다. 이는 비교적 짧은 시간에 일어나는 극적인 변화를 의미하며, 우리가 이야기하고 있는 자기창조와 유사성이 높다. 이들은 변화를 설계적 관점[15]에서 다룬다. 현재를 분석하고 미래의 상태를 계획한 후 이를 실현하기 위한 전략을 수립한다. 마치 연극배우들이 새로운 연극을 준비하듯 각본대로 구성원들을 움직여 사전에 계획한 미래

---

15 Dunphy, D.(1996), "Organisational Change in Corporate Settings", *Human Relations*, 49, 541~552.

의 상태로 이동하는 것을 목표로 한다.

그런데 이상한 일이 일어난다. 많은 대규모 변화가 의도된 대로 실행되지 않는다는 점이다. 설계는 멋들어지게 되었는데 실제로 작동이 안 되는 경우가 많다. 그래서 대규모 변화나 단절적 변화는 성공할 확률이 그리 높지 않다.

이들과는 전혀 다르게 접근하는 방식이 있다. 최근에 제기된 '복잡계 이론'이라는 것이다. 복잡계 이론에서는 변화를 설계라는 현상으로 보지 않는다. 이 이론의 출발은 자연현상에 바탕을 두고 있다. 좋은 예로, 수많은 새들이 군을 이루며 하늘을 나는 것을 들 수 있다. 엄청난 수의 새들이 하늘을 날면 서로 부딪쳐 떨어질 수도 있건만, 새들의 세상에서는 절대 그런 일이 벌어지지 않는다. 더욱 신기한 것은, 그 많은 새들이 다양한 패턴을 가지고 하늘을 날아다닌다는 점이다. 어떤 때에는 삼각편대의 모습을 하다가도 또 어떤 때에는 커다란 구름조각처럼 날아간다.

이러한 패턴은 어떻게 만들어지는 것일까? 아무도 그렇게 하라고 시키지 않았고, 그렇다고 새들이 설계도면을 가지고 있는 것도 아니다. 그런데도 이러한 현상이 일어나고 있다. 이런 자연현상에서 영감을 얻은 것이 복잡계 이론이다. 복잡계 이론에서는 설계된 변화로는 진정한 의미의 창조적 변화를 일으키기 어렵다고 생각한다. 구성원의 자발적인 마음에서 비롯된 작은 행동들이 모여서 거대한 변화를 일으킬 수 있다고 믿는다. 이러한 상태를 '발현(emergence)'[16]이라고 한다.

이차집단에 있어서의 자기창조 활동은 복잡계적 성격을 활용하는 것이 성공확률이 높다. 이차집단은 일차집단처럼 특별하게 선별된 사람들이 아니다. 일차집단을 제외한 나머지 일반 구성원들로 이루어진다. 이들이 자기창조 활동에 참여하기 위해서는 일차집단에 의해 점화된 자기창조 활동이 이차집단까지 확산되는 '공진화(co-evolution)'가 필요하다. 공진화라는 단어는 원래 생태학에서 진화를 설명하면서 나온 말이다. 진화는 유기체가 환경에 적응하기 위해 자신을 변화시키는 과정을 의미한다.[17]

예전에는 이 진화가 무질서하게 일어났다고 믿었다. 우연히 어떤 변종들이 만들어진 후 그중 살아남은 것들이 보존되는 것이 진화라고 생각했다. 변종이 만들어지는 현상을 '변이(variation)'라고 하고, 이것들이 환경에 적응하는 과정을 '선별(selection)'이라고 한다. 이들이 종족을 번식하고 군을 이루는 현상을 '보존(retention)'이라고 한다.[18]

그런데 진화는 꼭 이런 모습으로만 일어나지 않는다고 생각하는 일단의 학자들이 있었다. 그들은 환경과의 상호작용이 진화를 결정짓기도 한다는 점에 주목했다. 일예로, 식물과 나비는 서로 공생관계를 가지면서 진화를 했다는 설을 들 수 있다.[19] 서로 다른 생명체 간의 상호작용이 변화를 가져왔다는 주장이 공진화의 요체다. 한 집단의 변화가 다

---

16 Goldstein, J.(1999), "Emergence as a Construct: History and Issues", *Emergence*, 1(1), 49~72.
17 Ehrlich, P. R. and Raven, P. H.(1964), "Butterflies and plants : A Study in Coevolution", *Evolution*, 18, 586~608.
18 Darwin, C.(1859), *On the Origin of Species by Means of Natural Selection*, London : John Murray.
19 Ehrlich and Raven (1964) (앞의 논문)

른 집단의 변화로 이어지는 현상을 말한다.

일차집단과 이차집단은 조직상으로 보면 상하구조를 갖는다. 그래서 일차집단과 이차집단 간의 공진화를 '수직적 공진화'라고도 한다. 폭포수가 위에서 아래로 떨어지는 모습이 수직적 공진화의 핵심으로, 상부에서 생성된 새로운 정신모형이 위에서 아래로 이전되는 것이 수직적 공진화다.

이차집단에서의 수직적 공진화를 만들어내는 것이 '이차 메커니즘'이다. 이차 메커니즘은 일차 메커니즘에 비해 또 다른 노력을 필요로 한다. 일차 메커니즘에 비해 참여해야 하는 사람의 수가 매우 많아서 변경된 정신모형을 효과적으로 전달하기가 쉽지 않다. 따라서 이차집단을 어떻게 동기화시킬 것인가가 매우 중요하다.

••• 객관화된 설득 증거

이차집단을 움직이게 만드는 첫 번째 장치는 일차집단이 보여준 성공체험이다. 일차집단의 성공체험은 이차집단에게 일정한 메시지를 제공한다. 첫째, 자기창조가 어떤 방향에서 일어나야 하는지를 알려준다. 둘째, 자기창조는 그저 형식적으로 해보는 것이 아니라는 점을 인식시킨다. 셋째, 가장 중요한 것으로, 자기창조는 결코 불가능한 일이 아니라는 점을 인식시켜준다. 관세청이 수입화물 통관처리시간의 단축에 왜 그토록 많은 공을 들였는지 그 이유가 여기에 있다.

••• 인지적 소통

이차집단을 움직이게 만들려면 두 번째로는 이차집단 내에서 인지적 소통이 일어날 수 있도록 여건을 마련해주어야 한다. 인지적 소통이란 구성원들이 변화에 대한 이해를 높이고, 변화와 관련한 언어에 익숙해지는 것을 말한다. 인지적 소통을 높이는 가장 강력한 방법은 공통의 언어체계를 구축하는 것이다. 관서청은 이 공통의 언어체계를 구축하는 기회를 갖게 된다.

2004년 4월 관세청은 하나의 매뉴얼을 접하게 되었다. 정부기관들의 혁신을 촉진하기 위해 집필된 것으로, 정식 명칭은 '정부혁신관리매뉴얼'이다. 이 매뉴얼이 도착하자 관세청은 한껏 들뜨게 된다. 당시 관세청은 변화와 혁신에 대해 속 시원하게 말을 해줘야겠는데 도통 마땅한 자료가 없던 터였다. 혁신추진실(관세청에서는 '혁신기획관실'이라고 부른다) 팀원들도 이 점이 못내 아쉬웠다. 이때 '정부혁신관리매뉴얼'을 접하게 된 것이다. 이와 관련한 에피소드를 소개한다.

에피소드 1 : 정부혁신관리매뉴얼이 도착하던 날(혁신기획관실)

"야! 참 좋다. 그동안 혁신이 뭐냐고 묻는 직원들이 많았는데, 이 매뉴얼만 있으면 그런 질문은 모두 해결되겠네."

"이런 책은 전 직원이 읽어봐야 할 텐데. 이왕 보낼 거면 많이 좀 보내주지 겨우 몇 권 보냈어?"

정부혁신관리매뉴얼을 접했던 혁신 추진 멤버들의 탄성이었다. 그래서 부랴부랴 이 매뉴얼을 추가 주문하여 전국 세관에 배송하게 된다. 하지만 매뉴얼을 읽는 사람은 손에 꼽았다. 혁신이 무엇이고, 또 어떻게 하는가에 질문했던 사람들조차 매뉴얼을 읽는 데는 인색했다. 그래서 나온 방법이 시험을 보자는 의견이었다.

"혹시 인터넷으로 혁신관리매뉴얼에 대한 시험을 보게 하면 어떨까요? 책을 읽게 하는 데 시험만한 게 없잖아요?"

하지만 이에 대한 반론도 제기되었다. "혁신관리매뉴얼을 읽게 하자는 건 혁신 마인드를 확산시키고 혁신관리법을 익히자는 의도인데, 자칫 잘못하면 혁신에 대한 반감만 사게 될지도 몰라요."

또 다른 아이디어가 나왔다. "희망자에 한해 시험을 치게 하고, 참가만 해도 마일리지를 부여하며, 시험 성적에 따라 추가로 혁신 마일리지를 주면 어떨까요?"

난상토론 끝에 결국 인터넷 시험을 보기로 결정한다.

에피소드 2 : 불이 꺼지지 않는 여직원 탈의실(성남세관)

혁신관리매뉴얼 경진대회 1차 시험을 하루 앞둔 금요일 밤이었다. 우리 세관의 당직 근무시간이 끝나자 당직근무자인 나는 퇴근 준비를 하고 있었다. 재택 전환시간인 21시가 지나자 나는 청사 주변을 다시 한 번 점검하며 퇴근 준비를 재촉했다. 그런데 웬일인지 그날따라 CAPS 표시판에 해제 표시가 바뀌지 않았다. 보안점검이 완벽하지 않으면 해제 표시를 바꿀 수가 없으므로 CAPS를 작동시킬 수 없었다. 추운 겨울밤, 창문은 분명히 다 닫혔고 층층이 잠금장치를 두세 번 확인했음에도 무언가 잘못되어 재택 전환을 할 수 없었다.

밖에서 청사 주변을 둘러보아도 아무 문제없다고 생각하던 그때, 2층 여자탈의실에 불이 켜진 것을 발견하게 되었다. 불을 끄지 않고 퇴근한 모양이라고 기뻐하며 2층으로 올라가, 여자탈의실 문을 열어젖힌 나는 깜짝 놀라지 않을 수 없었다. 밤 10시에 가까운 그 시간까지 환급업무를 담당하는 두 여직원이 탈의실 바닥에 배 깔고 엎드려서 혁신관리매뉴얼을 열심히 읽고 있었다. 그 모습을 보고 나는 놀라지 않을 수 없었다. 왜 퇴근하지 않느냐고 물었더니 벌써 시간이 그렇게 되었냐며 되묻던 두 사람. 부양가족도 많은 가정을 가진 두 여직원이 밤늦게까지 시간 가는 줄 모르고 열심히 공부하는 그 모습은 매우 아름다웠다. 평소보다 더 긴장하고 늦게 퇴근할 수밖에 없었던 그날의 당직 근무를 나는 앞으로도 잊지 못할 것이다.

에피소드 3 : 흔들리는 배 위의 노병 이야기(부산본부세관)

2005년 새해부터 혁신관리매뉴얼 경진대회로 부산세관은 온통 난리다. 경진대회로 5점 정도는 딸 수 있다고 하니, 어느 정도 이해는 된다. 작년에는 혁신 마일리지가 2.5점 미만인 사람은 특별교육도 받지 않았던가? 세관운영과에서는 이에 부응하느라 본청에서 내려온 매뉴얼 이외에 500부를 더 주문하여 직원들에게 나누어주었다. 몇몇 과에서는 경진대회 예상문제도 나돌기 시작했다. 꼭 수능시험을 앞둔 수험생처럼 세관 직원들은 모이기만 하면 예상문제 타령이었다.

하루는 감천항에 가기 위해서 감시정을 타게 되었다. 감천항까지 가는 데는 배로 30분 정도 걸린다. 감시정에 승선하면서 부산세관의 공통된 인사말인 '혁신'이라는 말도 함께 승선했다. 보통 때 같으면 항해사인 선박계 직원과 세상 돌아가는 일로 이야기꽃을 피우건만, 오늘은 그런 분위기가 아니었다. 퇴임을 몇 년 앞둔 대선배가 돋보기 안경까지 쓰면서 혁신관리매뉴얼을 공부하고 있었다. 오늘따라 유달리 파도가 심하여 감시정이 이리저리 요동쳤다.

정부혁신관리매뉴얼에 대한 시험이 치러진 후부터 변화가 생겼다. 혁신이 무엇이냐, 변화란 무엇이냐는 질문이 사라지기 시작한 것이다. 뿐만 아니라 혁신이나 변화와 관련된 용어들이 일상 언어처럼 사용되기 시작했다. 평소 같으면 그 의미를 묻고 이에 답하느라 들였던 지루한 시간들이 사라졌다.

인지적 소통을 위한 또 다른 방법으로 교육을 빼놓을 수 없다. 관세청은 교육에도 심혈을 기울였다. 일단 관세공무원 전문교육 과정에 혁신 교육시간을 따로 배정하여 지속적인 교육을 실시했다. 여기에 각종 워크숍 형태의 교육도 병행되었다. 관세청 및 서관의 간부 혁신 워크숍, 전국세관 혁신담당관 워크숍, 일선 세관 직원 혁신 워크숍, 전문요원 혁신 워크숍 등 각종 워크숍을 개최했다. 또한 본부세관별로도 주기적인 혁신 워크숍을 개최토록 했다. 여기에 매월 첫째, 셋째 주 토요일은 학습의 날로 정하고 조직 내 학습활동을 강화했다.

또 다른 형태의 교육이 뒤따랐다. 워크숍이나 교육은 대부분 변화의 필요성에 관한 것이다. 이러한 교육이 진행되면서 새로운 요구가 발생했다. 변화를 어떻게 해야 하는가에 대해 궁금해하기 시작한 것이다. 이에 따라 관세청은 전문 진행자(facilitator)를 양성하여, 이들에게 과제 해결을 위한 교육을 담당하게 했다. 본청 각 국실과 본부세관별로 60명의 전문 진행자가 양성되었다. 구성원들을 대상으로 한 매뉴얼 보급과 시험 그리고 집중적인 교육과 전문 진행자 양성으로, 관세청은 변화에 대한 괄목할 만한 인지적 소통능력을 지니게 된다.

여기서 한 가지 지적해두고자 한다. 공통의 언어체계를 구축하는 것과 구성원에 대한 교육은 선후가 없다는 점이다. 교육과 더불어 공통의 언어체계를 구축한다고 해서 문제되는 것은 아니다. 다만 교육을 통한 인지적 소통은 변화에 대한 최소한의 이해를 이끌어내는 장치다. 중요하긴 하지만, 이것으로 모든 것이 끝나지는 않는다. 교육은 표면적 수준의 인지적 소통에 머물 가능성이 높다. 아무리 교육이 잘되어도 변화는 아직 남의 일 정도로 인식되는 것이 일반적이다. 이를 보완하기 위해서는 공통의 언어체계를 구축하는 일이 매우 중요하다.

••• **최고의사결정자**와 핵심계층의 **촉매활동**

이차집단을 움직이게 만드는 세 번째 장치로 촉매활동을 들 수 있다. 촉매란 자신은 변화하지 않으면서 변화를 촉진시키는 물질을 말한다. 자기창조라는 거대한 변화에도 촉매활동은 필수불가결이다. 촉매활동의 핵심은 언어적 활동에 있다. 여기에 가장 효과적인 방법이 대화 형태의 토론이다. 이는 다양한 사고가 오갈 수 있도록 해주는 좋은 촉매활동 도구다.

관세청은 이를 실천했다. 최고의사결정자를 포함한 최고위 간부들이 촉매자 역할을 담당했다. 이들을 중심으로 한 토론회가 신설되었다. 청장과의 수요토론회(매월 둘째, 넷째 주 수요일), 차장과 함께하는 토요 정책포럼(매월 첫째, 셋째 주 토요일) 그리고 본부세관장과 실무자 간의 토론회(월 1회)를 정례화 했다. 토론회의 주제는 매우 구체적인 것들로, 관세청의 자기창조와 밀접한 것들이 주를 이루었다. 〈표 6-1〉은 이에 대한 예시다.

토론방식을 통한 촉매활동은 본청 중심의 활동으로 국한되지 않았다. 전국세관 현장방문을 통한 촉매활동도 강력하게 전개되었다. 인천공항세관에서 첫 번째 토론회가 개최되었다. 인천공항을 허브화하기

표 6-1 토론회를 통한 촉매활동

1. 청장과의 수요토론회 예시

날짜	토론 주제	부서
2004. 8. 11	수입요건확인서류 신고항목 표준화 방안	통관기획과
2004. 9. 1	경제활성화를 위한 세액심사제도 운영방안	종합심사과
2004. 9. 22	반사회적 외환사범 단속실적 제고 방안	외환조사관
2004. 10. 27	품목분류 갈등, 이렇게 푼다	평가분류원

2. 차장과 함께하는 토요 정책포럼 예시

날짜	토론 주제	부서
2004. 7. 31	세무행정과 소급과세	심사정책과
2004. 9. 18	관세행정 감사 기능의 효율적 제고방안	감시과
2004. 10. 16	감사업무에 대한 거부감 해소방안	감사담당관실
2004. 10. 30	수요자 위주의 인사조직 행정구현	인사조직담당관실

위한 관세청의 전략이 논의되었다. 또한 우범여행자를 효과적으로 선별하고 검사하는 방안에 대하여도 논의했다. 항공화물의 물류를 신속하게 처리하기 위한 방안도 논의되었다. 인천본부세관과는 고객만족도 향상을 위한 서비스 제고방안이 논의되었다. 이러한 토론방식을 통한 촉매활동은 전국 본부세관을 순회하면서 지속적으로 이루어졌다. 1년 6개월 동안 30개의 전국세관을 대상으로 토론회가 개최되었다.

••• 신경망체계 구축

　　　　　　　　　이차집단에서 공진화가 나타나려면 조직과 제도적 측면에서의 노력도 동시에 진행되어야 한다. 크게 세 가지가 중요하다. 첫 번째는 신경망체계를 구축하는 일이다. 두 번째는 일정한 자극 시스템을 구축하는 것이다. 세 번째는 자기창조 행위에 집중적으로 자원을 투입하여 그 중요성을 드러내는 것이다.

　　신경망체계 구축부터 살펴보자. 신경망이란 자기창조가 조직 내에서 차질 없이 진행되도록 도와주는 정보전달 체계를 말한다. 말하자면, 자기창조와 관련한 핵심 정보가 흐르는 유통채널이 신경망이다. 사람의 모든 움직임은 뇌와 척수 그리고 말초신경으로 이루어지는 신경망체계에 의존한다. 마찬가지로, 자기창조라는 현상이 조직 내에서 차질 없이 진행되기 위해서는 신경망체계가 구축되어야 한다.

　　신경망체계의 최상위에는 최고의사결정자가 존재하게 된다. 여기에 최고의사결정자를 보좌하는 변화추진팀이 구성되어야 한다. 변화추진팀은 최고의사결정자와 교감하며 자기창조 활동을 지휘하고 모니터링을 하는 역할을 한다. 다음으로, 조직 전체 수준의 변화추진팀과 유사한 형태로 하부단위의 추진팀이 수직적으로 구성되어야 한다. 이들 조직은 최상위의 변화추진팀과 긴밀한 연계를 가지면서 수평적으로도 연결되어 크게 상하 수평 간의 그물망 형태로 구성되어야 한다.

　　관세청 역시 유사한 신경망체계를 구축하게 된다. 먼저 자기창조 활동이 태동되던 초기에 본청에는 혁신담당관실이라는 조직이 만들어졌다. 관세청 전반의 변화활동을 계획하고 조정하는 지휘본부 역할을 했다. 관세청의 신경망체계는 변화활동이 본격화되던 2004년 4월부터 확대되기 시작했다. '본청 → 본부세관 → 세관'의 3단계에 이르는 혁신 TF팀이 만들어졌다. 총 40개 팀, 323명이 여기에 참여했다.

본청의 국과 실에는 업무혁신 TF팀이 일곱 명 단위로 구성되었으며, 6개 본부세관에도 25명 단위의 업무혁신팀이 구성되었다. 3개 소속기관 및 24개 산하세관에도 각각 여섯 명 단위의 업무혁신 TF팀이 구성되었다. 이들은 자체적인 과제수행과 워크숍 등을 개최하여 소속기관의 변화를 선도했다. 이들 팀에는 관세청에서 가장 우수한 인력이 배치되었다. 이는 자기창조를 위한 변화가 관세청에게 얼마나 절실한지를 구성원들에게 알리는 무언의 메시지였다.

변화 추진을 위한 조직망이 갖추어지자 이들 조직 간의 수직적 연계 역시 필요해졌다. 이를 위해 혁신담당관실의 팀원들에게 수직적 접점관리 역할이 부여됐다. 예를 들어, 혁신담당관은 초일류세관추진위원회, 초일류세관추진기획단, 민원·제도개선협의회 등 주로 외부전문가 그룹과의 접점관리 업무를 수행했다. 혁신기획서기관은 국·실별 업무혁신 TF팀, 국·실별 혁신지원단과의 접점업무를 맡았다. 혁신관리사무관은 본부세관 혁신담당관과 업무혁신 TF팀 등과의 접점을 관리했다. 접점관리의 핵심은 변화가 진행되는 동안 장애요인을 제거하고 고충해결과 과제 성공을 유도하기 위한 지원관리 그리고 각종의 변화기법 노하우를 전수해주는 일이다.

••• 자극체계 구축

이차집단으로 공진화가 확산되려면 구성원들에게 일정한 자극이 전달될 수 있는 체계 구축이 필요하다. 서로 다른 2개 이상의 물질이 융합하여 화학적 반응이 일어나려면 압력이 필요하다. 적정한 온도와 촉매가 있다 해도 적절한 압력이 없으면 화학적 변화가 일어나지 않는다. 자기창조에도 유사한 논리를 적용할 수 있다. 2개 이상의 물질을 섞기 위해 압력이 필요한 것처럼, 조직의 변화도 초기에는 그러한 장치가 필요하다. 이를 만들어내는 장치가 자극체계다. 조직에서의 자극은 평가와 인센티브를 의미한다.

하지만 자극이라는 수단에 대하여 많은 오해가 있다. 변화를 제대로 일으키지 못하는 조직은 구성원들의 공감을 불러일으킬 수 있는 장치보다 자극수단을 먼저 강구하는 특징이 있다. 충분히 이해는 된다. 마음이 급한 나머지 변화라는 느린 현상을 기다릴 만한 여유가 없기 때문이다. 그래서 평가와 인센티브 체계에 우선적으로 매달리게 된다. 하지만 이런 방식은 말을 타지도 못하는 사람에게 말을 타면 가점을 준다고 독려하는 것과 같다. 설령, 그렇게 해서 우연히 말을 잘 타게 될 수도 있지만 그 확률은 대단히 낮다. 이것이 나중에는 부메랑이 되어 역효과를 일으키고 집단적인 저항을 일으키는 이유가 된다.

관세청의 자극체계는 과제활동 우수자와 우수부서에 대한 다양한 보상체계로서 혁신 마일리지 제도를 적용하는 것으로부터 시작되었다. 다른 정부부처에서 사용되고 있는 것을 벤치마킹했다. 혁신 마일리지 제도는 각종 혁신 아이디어 → 활동 → 결과 등 변화와 관련된 활동 전반이 평가될 수 있도록 설계되었다.

평가결과에 기초하여 개인의 경우는 크게 4개 분야의 인센티브가 부여되었다. 인사적으로는 특별승진, 승진우대, 희망지 보직 등의 인센티브가 제공되었다. 금전적으로는 포상금 지급 및 1호봉 승급이 제공되었고, 명예적으로는 혁신스타상과 이달의 관세인에 선정되도록 했다. 그 외에 해외연수 기회를 우선적으로 부여하고 포상휴가도 제공했다. 개별 부서에 대하여는 부서장 인사우대와 부서 포상금 지급이 고려되었다. 평가대상은 관서 청의 과 단위 이상의 전 부서로 했다. 평가항목은 이차집단의 변화활동 참여를 독려하는 내용으로 구성되었다. 참신한 아이디어를 내는 것, 적극적으로 참여하는 것, 활동 결과물 그리고 정보나 자료를 공유하는 경우도 마일리지를 주었다.

마일리지 제도는 개인, 세관의 과 단위 이상의 전 부서 그리고 세관별로 성과를 조회할 수 있는 시스템을 구축하여 종합적으로 관리될 수 있도록 했다. 개인 및 세관, 부서별 추이를 그래프로도 확인할 수 있었다. 선도자 및 선도부서를 구분하여 표시하는 기능도 추가했다. 〈표 6-2〉는 관세청이 사용한 혁신 마일리지 제도를 보여준다.

혁신 마일리지 제도라는 일단의 틀이 마련되었지만 관세청은 이를 바로 시행하지 않았다. 1개월 동안의 의견수렴 과정을 거치도록 했다. 마일리지 제도가 예상외의 역효과를 낼 수 있으며, 또한 구성원들에게 이 제도의 도입을 알릴 기회를 갖고자 한 것이었다. 의견수렴이 끝난 2004년 10월, 관세청은 혁신 마일리지 제도의 시행 선포식을 통해 제도

표 6-2 관세청의 혁신 마일리지 제도

분야	항목	배점	비고
아이디어	혁신 아이디어 제안하기	0.1점	과제 선정하기 전의 아이디어 제안 단계 활동 평가
	의견 달기(마일리지 해당 게시판)	0.001점	
	불필요한 일 제거하기	0.1점	
	제도 개선	0.2점	
	비공식조직 우수연구	3,2,1점	
활동	비공식조직 활동	0.1점	과제 수행 및 각종 활동상황 평가
	혁신 워크숍 참여	1점	
	업무혁신 TF팀 참여, 주니어보드	2점	
	혁신 사례 발표회	10,6,4점	
활동결과	본부세관 업무혁신방	0.3점	활동결과 평가
	본청 업무혁신방	6점	
	청와대 혁신 사례방	10점	
	이달의 관세인	5, 3점	
	벤치마킹 사례	0.2점	
자료	혁신 일반자료	0.05점	자료 공유
	문서 공유	0.5점	
	문서 간소화	0.1점	
	업무매뉴얼	1점	

의 공식화를 선언했다. 마일리지 제도가 가동되자 전 직원들의 행동에 변화가 생겼다. 매일 아침 출근하면 자신의 마일리지를 확인하는 일이 첫 번째가 되었다. 간부들은 부하직원들의 마일리지를 체크하며 직원들을 독려하고, 마일리지가 높은 부서를 벤치마킹을 하기에 여념이 없

었다. 이와 관련하여 재미 있는 사례가 있어 소개한다.

에피소드 : 된장찌개와 식당아줌마(부산본부세관)

하루는 마일리지 제도가 잘 운영되고 있는지 알아보기 위해 이곳저곳을 살펴보고 있었다. 그런데 업무매뉴얼 폴더에 '된장찌개 잘 끓이는 법'이라는 파일이 있지 않은가? 나는 마일리지를 얻기 위해 이런 자료를 올리는 직원도 있구나 하는 생각으로 머릿속이 혼란스러웠다. 비서에게 이 직원이 누구인지 알아오라고 지시했다. 비서도 무척 황당한 모양이었다. 얼마 후 비서가 웃으면서 말했다. "그 직원은 부산세관의 식당아줌마(기능직)라고 합니다."

혁신 마일리지 제도는 식당아줌마까지 움직이는 힘을 보여주었다. 이러한 마일리지 제도는 구성원들의 행동을 바꾸는 유효한 자극수단이지만 한편으로 엄청난 스트레스를 주었다. 또한 마일리지 경쟁이 과열되는 양상을 보이기도 했다. 이제 갓 입사한 직원부터 정년을 앞둔 직원까지 지휘고하를 막론하고 전 직원이 마일리지를 높이는 데 혈안이 되어 있었다. 단순한 점수체계에 의한 마일리지 제도는 행위의 유의성이 떨어진다는 비판도 제기되었다. 자신의 업무는 제쳐두고 마일리지를 얻기 위한 활동에만 열중한다는 것이다. 이러한 비판으로 인해 관세청은 자기창조 활동과 업무수행 활동이 조화를 이루기 위한 새로운 평가제도를 도입하는 계기를 마련하게 된다. 이에 관해서는 제13장에서 다룰 예정이다.

••• 자원의 집중

　　　　　　　　이차집단으로의 공진화가 이루어지려면 자기창조와 관련한 활동에 자원을 집중적으로 배정해야 한다. 자기창조란 익숙했던 지난날의 루틴을 버리고 새로운 루틴으로 채워넣는 활동이다. 그만큼 쉽게 얻기 힘든 일이므로, 가능하면 자원을 집중적으로 투입할 필요가 있다. 이것은 조직이 온 힘을 다하여 변화에 매진하고 있음을 구성원들에게 알리는 의미도 담고 있다.

　관세청 역시 여기에 충실했다. 자기창조를 위한 모든 과제활동에 우선적으로 예산이 투입되었다. 인터넷 수출입통관시스템 병행체제 구축, 통관의 투명성 제고를 위한 원산지표시정보 데이터베이스 구축, FTA 체제에 능동적으로 대처할 수 있도록 원활한 무역 지원, 전자무역 완성을 위한 관세행정 정보시스템의 고도화, 연관관계 분석시스템을 활용한 정보분석 고도화 등에 집중적으로 예산이 투입되었다. 최첨단 과학의 종합감시체제를 구축하기 위한 시스템 마련과 컨테이너를 이용한 불법반입 물품을 차단하기 위한 첨단 컨테이너 검색기 도입에도 예산이 집중되었다. 이외에도 자기창조 활동과 관련한 각종 행사 및 관리활동에도 예산이 우선적으로 배정되었다. 이러한 일련의 활동을 통해 관세청 전체가 어디로 가고 있는지를 분명히 했다.

　지금까지의 이야기를 정리한 것이 〈그림 6-1〉이다. 일차집단에 이어 이차집단에서 공진화가 일어나기 위해서는 몇 가지 장치가 필요하다. 우선 객관화된 설득증거가 필요하다. 일차집단에 의한 성공체험은 이차집단에 대한 매우 중요한 설득기제가 된다. 공통의 언어체계 구축과 교육을 통한 인지적 소통도 중요하다. 최고의사결정자와 핵심계층의 촉매활동도 빠져서는 안 된다. 이들 세 가지는 이차집단의 마음을 움직이고 이해를 구하기 위해 필요한 기제들이다. 이것을 '공감기제'라고 하며 자발성 창출이 그 돈적이다.

다음으로는 조직 전반에 걸쳐 자기창조를 위한 신경망체계를 구축하는 것, 자기창조 활동을 유도하기 위한 자극체계를 구축하는 것 그리고 자원 투입의 우선순위를 변화활동에 두는 것이 중요하다. 이들은 자기창조 활동을 촉진하기 위한 기제들이다.

여기서 반드시 기억해 뒤야 할 점이 있다. 자기창조에 대한 열망이 아무리 강하고 마음이 바빠도 〈그림 6-1〉 상단의 공감기제 없이 바로 하단의 촉진기제를 동원해서는 안 된다. 신경망체계와 자극체계를 아무리 잘 구축하고 또 모든 자원을 자기창조 활동에 쏟아 넣어도 구성원들이 아무런 감흥을 느끼지 않으면 헛일이다. 구성원들의 공감 없이 이루어지는 활동은 구성원들의 불만을 증폭시킨다. 왜 이런 활동에 자신이 동원되어야 하는지를 이해하지 못하기 때문이다. 결국은 눈에 보이지 않는 집단적 저항을 불러일으키게 된다. 물론 〈그림 6-1〉의 상단의 공감기제들이 잘 구축되어도 저항은 따르기 마련이다. 익숙하지 않은 루틴을 조직에 채워넣는 자기창조는 피로감을 동반하기 때문이다. 하지만 몰이해 상태에서의 저항은 피로감에 의한 저항과는 차원이 다르다. 이것은 원 상태로의 복귀를 요구하는 수준의 저항이 될 가능성이 높다.

그림 6-1 이차집단에서의 수직적 공진화를 위한 장치

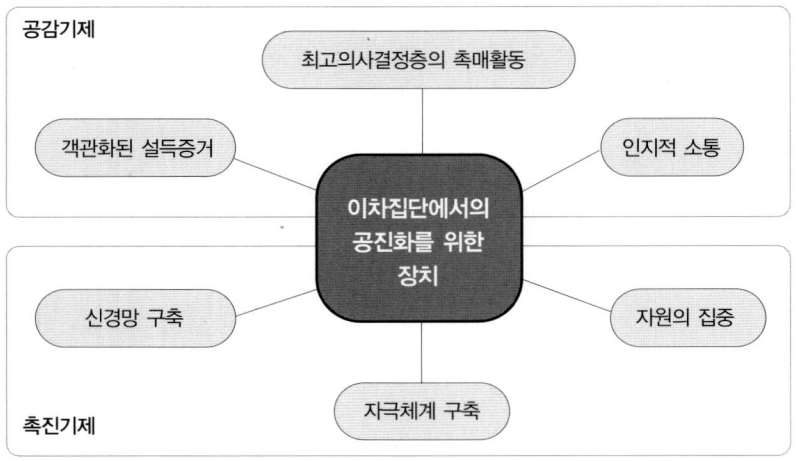

Self Creation 7

이차집단 내에서의 공명

••• 수평적 공진화

많은 조직이 자기창조에 실패하는 이유 중 하나는 수직적 공진화 장치를 제대로 만들어내지 못하기 때문이다. 하지만 이것만으로 이차집단에서 자기창조 활동이 활성화될 것이라고 생각하면 오산이다. 수직적 공진화 장치가 아무리 잘 만들어져도 이차집단에서 실질적인 공명현상이 일어나지 않으면 아무 소용없다. 이차집단이 스스로 움직이지 않으면 의미가 없다는 말이다. 이차집단이 스스로 움직이며 다른 구성원들에게 영향을 주는 것을 '수평적 공진화'라고 한다. 수직적 공진화 장치는 이 수평적 공진화를 유도하기 위한 기본 조건 정도로 생각하면 된다.

수평적 공진화를 좀더 살펴보자. 수평적 공진화의 예는 한국과 일본에서 찾을 수 있다. 최근 한국은 영원히 따라잡기 힘들 것 같던 일본을 빠른 속도로 뒤쫓고 있다. 반도체는 이미 일본을 능가하기 시작했다. 조선업은 이제 경쟁이 안 될 만큼 일본을 멀찌감치 앞서 나가고 있다. 자동차도 느리지만 서서히 일본을 뒤쫓고 있다. 최근 일본이 이러한 일련의 변화에 대해 염려하기 시작했다. 그래서 반도체와 같은 산업에서는 자국 기업끼리 연합은 물론이고 대만 기업과도 손잡고 한국 기업을 견제하고 나섰다. 건전한 경쟁관계를 통하여 서로 진화하는 한국과 일본의 관계가 일종의 수평적 공진화다.

한국 기업들이 빠른 속도로 글로벌 기업으로 편입될 수 있었던 것도 기업들 간의 수평적 공진화가 가져다준 혜택으로 볼 수 있다. 지금은 강도가 약해졌지만, 삼성그룹과 현대그룹은 업종이 다르면서도 서로 일등 경쟁을 했다. 누가 그룹 매출액을 더 많이 올리는가를 놓고 연말이면 신경을 곤두세우곤 했다. 그 결과, 서로 국내 일등 기업을 유지하려는 투자가 경쟁적으로 촉발되었고 마케팅과 영업 전쟁이 붙었다. 오늘날의 대기업 군이 만들어지고 기업 규모가 커지게 된 한 이유가 된다. 이런 현상도 수평적 공진화다.

수평적 공진화가 일어나면 경쟁에서 이기기 위한 행동에 가속도가 붙는다. 필요에 따라서는 협력도 증가한다. 이러한 수평적 공진화 현상이 온전히 일어나야 자기창조가 가속화되고 또한 이것을 문화화 하는 현상이 일어난다. 정리하면, 수평적 공진화란 이차집단 내에서 유익하고 자발적 경쟁과 협력이 일어나는 현상을 말한다.

••• 이차집단에서의 단기 성공체험

수평적 공진화가 이루어지기 위해서는 공진화에 참여하는 구성원들이 서로 인식할 수 있는 성공체험을 만들어내야 한다. 성공체험은 조직 전반에 걸친 변화에도 중요한 의미를 지니지만 이차집단에서의 변화에도 매우 중요한 역할을 한다. 성공체험만큼 설득력이 강한 것이 없기 때문이다. 이차집단의 어느 한 곳에서의 성공체험은 수평적 공진화의 기폭제가 된다. 이것은 다른 곳에서도 성공할 수 있다는 증거가 되어 이에 뒤처지지 않겠다는 선의의 경쟁을 불러일으키기 때문이다.

이차집단에서의 성공체험이 중요한 이유는 또 있다. 일차집단이 만들어낸 성공체험은 이차집단의 관점에서 보면 다소 거리가 먼 이야기다. 그만한 시간과 비용을 투자하면 안 될 게 있을까라는 반응부터 잘되었지만 나와는 거리가 먼 이야기라고 생각할 수 있다. 이런 생각들을 불식시키는 방법이 자신의 업무 범위에서 피부에 와 닿는 성공체험을 하는 것이다. 그렇다고 이차집단에서의 성공체험이 일차집단에서만큼 깊고 클 필요는 없다. 다만 정해진 시간에 빨리 할 수 있는 성공체험이면 족하다. 그래서 이차집단에서의 성공체험을 유도하는 과제를 '단기 성공(Quick Win)과제'라고 한다.

수평적 공진화를 만들어내는 방법으로 관세청은 워크숍 방법을 사용했다. 기존의 워크숍은 토론 주제가 미리 정해지고 이에 따른 발표가 끝나면 형식적인 분임토의가 진행되는 수준이었다. 당연히 발표자 이외의 다른 참가자들은 들러리만 선다는 불만이 제기되었다. 때때로 친목도모 성격의 워크숍으로 흘러가기도 했다.

이러한 방식에 변화가 나타났다. 2004년 5월에 개최된 전국세관 혁신담당관 워크숍에서는 단기 성공과제의 발굴과 실행이 주된 의제가 되었다. 본부세관들을 각기 6개 분과로 나누어 워크숍이 진행되었다. 분과별 토론이 진행되면서 도출된 과제들을 적어놓은 메모지가 벽에 가득 붙었다. 새벽 3시가 되어서야 토론이 끝났다. 관세청 사상 초유의 일이 벌어졌다.

6개 본부세관별로 과제가 도출되었다. 서울본부세관의 '불필요한 일 20가지 찾아서 버리기', 인천공항세관의 '고객만족도 측정 카드제를 활용한 고객만족도 향상', 부산본부세관의 '관리자 직접 상담제를 통한 갈등민원 해소', 인천본부세관의 '상습갈등민원 집중관리제', 대구본부세관의 '문서총량제', 광주본부세관의 '법정민원처리기간 20% 단축'이 도출된 과제들이었다.

과제들이 도출되었다고 해도 이를 실행하지 않으면 아무런 의미가 없다. 다음은 어떻게 제대로 실행하느냐의 문제가 남아 있었다. 그래서 도출된 과제를 60일 이내 끝내기로 약속했다. 이를 실천하기 위해서는 주기적인 모니터링이 필수적이었다. 월간 본부세관 혁신점검회의 때마다 매월 추진상황이 보고되었다. 이렇게 해서 도출된 6개 본부세관 과제는 모두 60일 내에 완수되기에 이른다.

60일 성공과제 워크숍이 끝나자, 이번에는 100일 성공과제에 도전하게 된다. 100일이라는 숫자에는 60일 과제보다는 도전적인 과제들이어야 한다는 의미가 담겨 있었다. 실무 차원의 작은 과제들보다 큰 과제를 도출해야 한다는 뜻도 있었다. 100일 성공과제에는 경영간부들이 주축이 되어 움직였다. 2004년 9월, 100일 성공과제 도출을 위한 관세청 간부 워크숍이 개최되었다. 과제 도출에 앞서 60일 성공과제 추진팀이 과제 도출방법을 상세히 설명하여 간부들의 이해를 도왔다.

간부라는 위치에 맞게 60일 성공과제보다 어려운 과제들을 주문했다. 특히 부산세관장에게는 혁신 지속 체계 구축이라는 과제를 부여하여 다른 세관을 선도하라는 뜻을 내비쳤다. 이외에도 여러 과제들이 도출되었다. 통관지원국은 성공과 실패 사례 분석 및 제도 개선 추진, 심사정책국은 심사행정 불량품 10가지 발굴하여 개선하기, 조사감시국은 조사·심사·통관국 간 정보교류 체제 구축, 서울본부세관은 세관행정의 잘못된 관행 및 관습 타파, 인천공항세관은 행정편의 규정 30가지 발굴 및 실행기준 마련이라는 과제를 도출했다.

특히 이차집단의 하부조직 단위까지 자기창조 활동이 빠르게 전개된 데는 부산세관의 노력이 헌신적이었다. 부산세관은 '1계 1혁신 성공체험 갖기'라는 매우 실천하기 어려운 과제를 도출했다. 주위에서도 성공보다는 실패 가능성에 무게를 두고 있었다. 하지만 이것은 기우였다. 부산세관은 멋지게 성공해냈다. 더 중요한 것은 부산세관을 기폭제로 관세청 소속 전 기관이 '1계 1혁신 성공체험 갖기'에 참여하게 된 것이었다.

60일 성공과제와 마찬가지로 도출된 과제에 대하여 주기적인 모니터링이 따랐다. 국·실장과 본부세관장들은 자신들의 과제에 몰입하면서 과제 이행을 진두지휘했다. 그 결과, 처음 우려와 달리 100일 성공과제들은 완성되기에 이른다.

●●● 건전한 **경쟁**과 **공유**학습

수평적 공진화를 촉진하기 위한 중요한 장치로 베스트 프랙티스 대회를 들 수 있다. 각 부서나 기관에서 창출된 각종 과제들을 경진대회 형식으로 발표하는 것이다.

베스트 프랙티스 대회는 여러 가지 면에서 중요하다. 첫째, 각 부서나 기관 간의 경쟁을 촉발시키는 기제가 된다. 타 부서나 기관에서 이루어진 실제 사례를 보며 과제 실천으로 인한 변화를 간접적으로 체험할 수 있기 때문이다. 다른 하나는 베스트 프랙티스 대회를 통한 학습효과다. 이차집단과 같이 다수에 의한 자기창조 활동에서는 타인을 통한 학습이 매우 중요하다. 발표되는 과제들을 통해 과제해결의 방법에 대한 새로운 아이디어를 얻을 수 있기 때문이다. 관세청도 베스트 프랙티스 대회를 열게 된다.

이차집단에서의 자기창조 활동이 지속되면서 문제도 발생했다. 과제수행에 대한 경쟁이 가속화되자 앞서가는 세관이나 부서와 뒤처지는 세관이나 부서가 명확하게 구분되었다. 경쟁은 자기창조 활동을 촉발시키지만 수준 차이가 너무 크게 나면 오히려 역효과가 발생하기도 한다. 뒤따라가는 그룹이 포기하기 쉽기 때문이다. 그래서 생각한 것이 선도그룹의 노하우를 뒤따라가는 그룹에 전수시키는 것이었다. 일종의 멘토와 멘티 관계를 맺는 방법을 강구한 것이다.

이를 위하여 30개 세관을 대상으로 인터뷰와 설문조사가 실시되었다. 변화의지, 변화수준, 주요 과제 추진과정, 장애요인, 변화계획 등 변화활동과 관련한 전반적인 내용이 포함되었다. 이러한 조사를 토대로 기관별 수준에 맞는 혁신방법 및 노하우를 전수했다. 과제 도출능력이 떨어지는 곳은 과제 도출방법에 대한 집중적인 지도가 이루어졌다. 또한 타 부서나 기관의 우수 방법이나 사례들을 다른 곳으로 전파했다.

물론 적절한 촉진수단도 활용되었다. 자기창조와 관련된 여러 활동들에 대하여 기관 평가가 이루어졌다. 그 결과는 고스란히 인사에 반영되었고 포상금과 표창 수여의 기초자료로 사용되었다. 예로, 전체 1위의 세관장과 5급 사두관 이상 관리자는 선호부서에 1차적으로 전보 조치했다. 2회 이상 계속하여 그룹별 최하위 세관으로 평가된 경우는 세관장, 국장, 과장 등 세관 소속 모든 관리자를 비선호 부서로 전보 조치했다.

포상금도 지급되었다. 1등 세관에는 500만 원, 2등 세관은 300만 원 그리고 3등 세관은 200만 원이 수여되었다. 여기에 표창장도 수여되었을 뿐만 아니라 예산도 차등 배정했다. 예산과목 중 국내여비, 특근식비, 초과근무수당에 대하여 그룹별 1등 세관에는 150% 예산을 늘려주었다. 특별포상휴가 실시 및 감사면제라는 방법도 사용되었다.

••• 신뢰 형성

　　　　　　　　이차집단에 대한 공명은 궁극적으로 개별 구성원을 중심으로 일어나야 한다. 기관이나 부서를 중심으로 한 공명은 개별 구성원까지 침투되기 어렵다. 개인별 공명을 일으키기 위해서 무엇보다도 중요시해야 할 것이 있다. 바로 신뢰다. 신뢰하지 못하는 곳에서는 개인 수준에 이르는 깊은 공명을 절대 이루어낼 수 없다.

　관세청은 구성원의 신뢰를 얻기 위한 노력을 시도한다. 그 첫 번째로, 중요 간부회의를 공개하기로 결정했다. 지금까지는 회의가 끝나면 국·실장들이 사무실로 돌아가 직원들에게 회의내용을 전달했다. 이런 방식은 정보의 왜곡이 일어나고 또 밀실에서 무언가가 이루어진다는 느낌을 지울 수 없다. 그래서 중요 간부회의를 단계적으로 실시간 공개하는 방식을 검토하게 된다. 이 방식을 실행하기 위해 유사한 방법을 사용하고 있는 타 기관들을 벤치마킹했다. 공개방식은 온라인을 통한 방식이었다.

　막상 결심은 했지만 실행에 옮기려 하자 어려움이 따랐다. 먼저 간부들이 이견을 제시했다. 회의가 경색될 우려가 있다는 주장이었다. 직원들도 일회성 이벤트가 아니겠느냐 하는 의심의 눈길을 보냈다. 이런 불만과 의혹들을 불식시키기 위해 우선 직원들의 관심이 집중되고 있던 '이달의 관세인 선정회의'를 공개하기로 결정했다. 직원들은 판도라의 상자가 열린 양 신기해했다. 호응은 상상을 넘어섰으며, 불만의 목소리는 가라앉기 시작했다.

두 번째로는 투명한 인사시스템을 구성원들에게 인식시키는 일이었다. 먼저 승진과 전보 원칙을 객관화하고 투명화 하는 작업을 단행했다. 이에 따라 전 직원의 희망보직을 인사에 반영하는 희망보직제를 실시했다. 평가방식은 다면평가였으며, 해당 직우 상급자를 공개로 하는 인사추천제를 실시했다. 이렇게 해서 모아진 승진자료는 인사위원회에서 공개되었다. 여기에는 직장협의회 대표를 참석시켰다. 또한 각종의 인사청탁 근절을 위한 인사청탁신고제도 운영했다. 인사평가의 중심에는 마일리지 등 성과지표를 반영하여 연공서열에 의한 승진을 원천적으로 봉쇄했다.

이러한 노력으로 구성원들 사이에서 빠른 속도로 신뢰가 형성되기 시작했다. 이를 바탕으로 개별 구성원들이 중심이 되는 자기창조 활동이 전개되었다. '혁신 125(이리로) 운동'이 좋은 예다. 과장급 이상, 사무관급, 직원 등 3개 그룹으로 구분하고, 그룹 별로 각기 버려야 할 행태나 문화를 다섯 가지씩 선정하여 버리기 운동을 전개했다. 그 결과에 대해서는 주기적으로 성과를 측정한 후 발표하여 각 그룹별로 선의의 경쟁을 유도했다.

관세행정 불량품 탈굴 개선 콘테스트도 개최했다. 정책이나 제도는 사전에 아무리 치밀하게 준비해도 환경이 변하거나 이를 이용하는 고객에게 불편이 생기게 되면 바꿔주어야 한다. 도 사전준비 과정에서 충분한 토론이나 심사숙고 과정을 거치지 못한 정책도 있을 수 있다. 이렇게 해서 만들어진 부적절한 행정을 불량품으로 정의하고 이것을 제거하자는 것이다. 2004년 8월, 제1회 대회를 개최했다. 직원들의 입장에서는 불량품이라는 용어가 생경하고 어색했으며, 거북스러워하는 직원들도 있었다. 어쨌든 일선 세관으로부터 총 75건의 불량품이 접수되었다. 이들에 대하여는 집중적인 재생작업이 시행되었다.

개별 구성원들이 수행한 다양한 과제들은 온라인상에 등재되어 다른 구성원들과 공유했다. 이렇게 등재된 사례들을 대상으로 베스트 프랙티스를 선정했다. 한편 민원인 역할체험 프로그램이라는 것도 시행되었다. 관세청 직원들이 선박회사 직원들과 역할을 바꿔보았다. 항공사에도 직원들을 보냈다. 그들 스스로 항공특송업체(DHL 등)의 직원이 되어 관세청에 민원서류를 접수하는 경험도 했다.

Part 3

자기창조
조직의 조건

Self Creation 8
자기창조 조직과 미시적 불안정성

지금까지 우리는 조직에서 자기창조가 어떻게 일어나는지를 살펴보았다. 개념변경에서 시조하여 일차집단을 통한 변화 그리고 이차집단으로의 공진화가 주된 메커니즘이었다. 하지만 이것만으로 자기창조가 완성되는 것은 아니다. 보다 중요한 주제가 기다리고 있다. 어떻게 자기창조를 지속할 수 있는가이다.

연기자들은 하나의 역할로 성공을 거두면 그 이미지에서 벗어나는 데 무척 애를 먹는다고 한다. 어떤 역할에 한번 몰입하면 그 인물의 행동이 다른 역할에서도 묻어나기 때문이다. 하지만 연기 경륜이 쌓이면 어떤 역할이든 자유자재로 소화해낸다. 주어진 역할에 따라 지속적으로 자신을 변신시키는 능력을 갖추기 때문이다.

조직도 이와 유사한 능력이 필요하다. 한두 번의 변신은 노력의 정도에 따라 얼마든지 가능하다. 이와 관련해 한 중소기업 사장에게서 의미 있는 말을 들은 적이 있다. "우리 회사는 내세울 것은 없지만, 한 가지는 분명히 잘합니다. 우리 회사는 어제와 오늘 그리고 내일의 모습이 항상 다릅니다." 자기 회사의 장점이 끊임없이 변화하는 데 있다고 힘주어 말하던 그 사장의 모습이 잊혀지지 않는다. 마치 물오른 연기자처럼 어떤 환경에도 적응할 수 있도록 자기 자신을 변화시키는 것이야말로 자기창조의 완성 단계라고 할 수 있다. 이렇게 항상 새로워지는 능력을 가진 조직이 '자기창조 조직'이다. 이번 장에서 다룰 내용이다.

••• 미시적 **불안전성**과 거시적 **안정성**

자기 자신을 끊임없이 변화시키는 능력은 어떻게 하면 가질 수 있을까? 이것을 알려면 먼저 미시적 불안정성[20]을 이해해야 한다. '불안정하다'는 말에 왠지 불안감이 느껴질 수도 있다. 불안정한 것은 옳지 않다고 배워온 오랜 관습 때문이다. 하지만 미시적 불안정성은 자기창조 조직을 만들기 위해 반드시 필요한 절대적 조건이다.

미시적 불안정성이 왜 중요할까? 미시적 불안정성이 만들어지면 우

---

[20] Klein, B. H. (1977), *Dynamic Economics*, Cambridge, MA : Harvard University Press.

리가 상상조차 할 수 없는 새로운 변화의 세계로 끊임없이 나아갈 수 있기 때문이다. 이것을 자연현상을 중심으로 살펴보자. 대류현상이 좋은 예다. 비커 속에 물을 채우고 열을 가하면 물은 상하를 중심으로 일정한 궤도를 그리며 움직인다. 이것이 바로 대류현상이다.

뜨거워진 물이 대류현상을 일으키는 이유는 찬물에서는 안정되었던 물 분자들이 불안정해지기 때문이다. 열이 가해지면 물 분자들은 상하좌우로 서로 부딪치는 상호작용을 한다. 물 분자끼리 서로 부딪치는 횟수가 증가하면 물은 어느 순간 대류라는 규칙적인 움직임을 보인다. 찬물에서는 볼 수 없는 기묘한 현상이 벌어진다. 누구도 의도적으로 만들 수 없는 창조적 상태가 조성되는 것이다. 이러한 상태를 조성하기 위해 필요한 조건이 '물 분자의 불안정성'이다. 결론적으로, 대류현상은 물 분자의 미시적 불안정성이 창조한 작품이라 할 수 있다.

미시적 불안정성의 본질은 생명적 현상이다. 모든 생명체의 성장은 미시적 불안정성에 기초하고 있다. 어린 생명이 성체로 자라나기 위해서는 엄청난 양의 세포분열이 필요하다. 이 세포분열이 미시적 불안정성을 만드는 원동력이다. 새로운 세포분열을 통해 생명체는 새로운 기능을 만들고 생명의 영역을 확장하며 변화의 길로 접어들게 된다. 세포분열이 늦어지거나 멈추면 세포들은 미시적인 안정 상태에 이른다. 그렇게 되면 새로운 세포가 만들어지지 않는다. 결국 고도의 미시적 안정성이 나타나면 생명체는 삶을 마감할 준비를 해야 한다. 변화가 멈추는 순간이다.

미시적 불안정성을 정확하게 알기 위해서 필요한 또 하나의 개념이 있다. 거시적 안정성이다. 미시적 불안정성이 미세수준(예로 물 분자나 세포, 조직의 경우는 부서나 개인)의 문제라면, 거시적 안정성은 전체와 관련되어 있다. 조직의 경우로 한정하면, 조직이 흔들리고 어려움에 처하면 거시적으로 불안정하다고 하며, 조직이 흔들림 없이 지속적으로 성장하면 거시적으로 안정되어 있다고 말한다.

거시적 안정성과 미시적 불안정성(또는 안정성) 개념을 이용하면 조직의 상태를 분석할 수 있다. 〈그림 8-1〉은 이를 나타낸 것이다. 우선 미시적으로 그리고 거시적으로 모두 안정된 상태가 있다. 조직 환경이 매우 안정된 경우에 나타나는 현상으로, 조직과 개인이 모두 안정을 이루게 된다(고도안정 조직). 미시적으로는 안정되었지만 거시적으로 불안정한 경우가 있다. 환경변화가 일어나 조직이 위기 상황에 진입하고 있지만 개인, 즉 미시적 수준에서는 기존의 안정성을 누리게 된다(위기진입 조직). 거시적으로 그리고 미시적으로 모두 불안정한 상태도 있다. 이는 최악의 경우다. 환경변화에 적응하지 못해 조직 자체가 위기에 처하게 되면서 미시적으로도 흔들리게 된다. 조직이 어려워지면서 구성원에 대한 구조조정도 발생한다(위기 조직). 마지막으로, 미시적으로는 불안정하지만 거시적으로 안정된 상태가 있다(자기창조 조직).[21]

위의 네 가지 중에서 가장 이상적인 형태는 거시적으로 그리고 미시적으로 안정된 상태다. 하지만 이것은 매우 특수한 경우에만 성립한다. 환경이 매우 안정되고 조직의 힘이 환경보다 강한 상태가 장기간 지속

---

[21] 다음 저서의 내용을 요약했다. 이홍(1994), 《고스톱경제가 가져다 준 위기》, 서울 : 다음.

그림 8-1 거시적 안정성과 미시적 안정성[22]

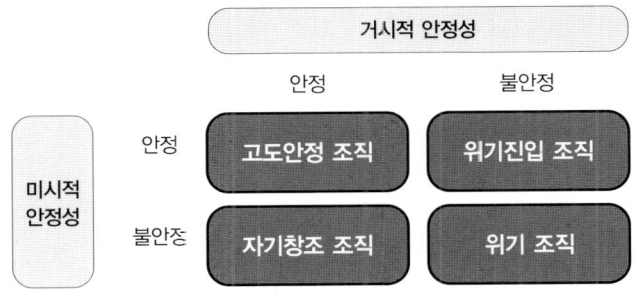

될 때에만 이런 현상이 일어난다. 그런데 이런 상태를 장기간 유지하는 것은 막강한 힘을 가진 정부 조직에서조차 불가능하다. 국가 간의 글로벌 경쟁이 극심해지고 국민의 감시와 참여 욕구가 강해진 최근의 정치 환경에서는 정부라도 독점적 안전성을 허락받기 어렵다. 더욱이 환경에 대한 힘이 약한 조직에서는 거시적으로 그리고 미시적으로 안정된 상태를 절대 이룰 수 없다.

그렇다면 어떤 상태가 최선인가? 미시적으로는 불안정하지만 거시적으로는 안정을 이루는 상태가 최선이다. 그 이유가 무엇일까? 미시적 불안정성은 구성원들을 괴롭히기 위해 고안된 수단이 아니다. 환경 변화에 능동적으로 대응하기 위해 구성원들이 자신을 변화시키는 과정에서 만들어지는 상태다. 미세한 환경변화에도 미시적 수준에서 끊임없이 변화하는 능력이 발휘되면(따라서 미시적으로는 불안정해진다), 이를 토

---

[22] 이홍(1994) (앞의 책)에서 제시된 모형을 일부 수정했다.

대로 조직 전체는 환경변화에 대응할 수 있다. 그리하여 거시적으로 안정성을 유지하게 되는 것이다. 이런 상태에 이른 조직을 '자기창조 조직'이라고 한다.

••• 한국의 **외환위기를** 통한 **예시**

미시적 불안정성과 거시적 안정성의 관계를 좀더 살펴보자.[23] 한국이 이를 설명하기에 매우 적절한 예다. 한국은 1960년부터 1980년 후반까지 거시적으로 그리고 미시적으로 안정된 시기를 보낸다. 글로벌 환경은 한국에 대하여 매우 호의적이었다. 한국은 후진국이라는 이유로 무역에서도 국제적 특혜조치를 받았다. 일부 굴곡이 있었지만, 1960~70년대 한국의 경제성장은 연평균 8%대를 유지할 정도로 좋았다. 거시적으로 국가가 안정되었고 미시적으로 기업도 안정되었다. 1986~88년 한국은 미국에 대하여 사상 처음으로 200억 달러에 이르는 무역흑자를 낼 만큼 모두 좋았다(고도안정 상태).

하지만 1988년 올림픽을 치르고 나서 1989년부터 상황이 돌변하기 시작했다. 미국이 막대한 무역적자를 경험하면서 수출국들을 압박해왔

---

23 이홍(1994) (앞의 책)의 내용을 요약했다.

다. 미국은 슈퍼301조를 통해 무역 보복을 하겠다고 한국에게 으름장을 놓았다. 1989년부터는 이제까지 누려왔던 일반특혜관세(GSP)의 혜택도 사라졌다. 설상가상으로, 한국의 대미환율은 달러당 600원 대까지 폭등했다. 여기에 중국이라는 공룡까지 나타났다. 불행히도, 중국은 한국과 같은 물건을 파는 나라였다.

갑작스럽게 특혜관세 적용 금지, 환율폭등, 중국의 등장이라는 삼각 파도에 휩싸인 한국호는 심각하게 흔들리기 시작했다. 1989년에 1,000 포인트를 간신히 넘은 선 주가가 급격히 붕괴되었다. 한국의 미국 시장 점유율은 1988년 4.6%를 정점으로 1992년에는 3.1%, 1993년에는 3% 밑으로 떨어지는 수난을 당했다. 1992년과 93년의 경제성장률은 4~5% 대로 떨어졌다.

이런 상황에서도 한국 기업들은 국내에 풀린 막대한 자금 덕분에 내수 특수를 누렸다. 비록 해외 수출은 어려웠지만 내수 경기는 활발하게 움직이는 듯했다. 여기에 1993년 한국은행은 한국경제가 저점을 통과하고 있다는 발표까지 했다. 이런 움직임에 힘입어 기업들은 희한한 일들을 벌이기 시작했다. 자체 제작한 제품의 수출이 안 되자, 재벌기업들이 해외 유명업체의 제품을 사다가 되파는 것이었다. 그리고 가격이 치솟고 있었던 부동산에 집중 투자를 했다. 기업들의 이런 행동은 정상적인 기업활동에 큰 문제가 발생하고 있음을 반증하는 것이었다. 내수 덕분에 기업들은 간신히 안정을 이루고 있었지만, 거시적으로는 위기 상황으로 치닫고 있었던 것이다(위기진입 상태).

거시적으로 국가가 불안정해지면 반드시 미시적 주체인 기업들에게도 그 영향이 미치게 마련이다. 국가가 어려워지자 기업들도 어려움에 직면하기 시작했다. 우선 기업의 부채비율이 폭등했다. 1992년 한국의 30대 재벌기업의 평균 부채비율은 358%를 넘어서고 있었다. 이는 자신이 투자한 돈의 3.58배를 빌려서 기업을 운영하고 있었다는 의미다. 이 비율은 갈수록 높아져 매년 10%씩 높아졌다.

설상가상으로, 은행과 보험사 등 금융권의 부실채권 규모도 폭발적으로 늘고 있었다. 그러던 중에 한양건설이 도산했다. 그 바람에 한양건설에 막대한 자금을 대주었던 상업은행이 부실은행으로 전락했다. 또한 손해보험회사들이 자본잠식에 빠졌다. 대한투자신탁과 한국투자신탁도 부실기업 행렬에 가세했다. 최후의 보루로 여겨지던 한국보증보험도 부실의 나락으로 빠졌다. 결국 1997년 한국은 IMF 관리체제라는 초유의 사태를 맞이하게 된다. 거시적으로는 국가가, 미시적으로는 모든 기업들이 총체적인 위기 상황에 처한 것이었다(위기 상태).

한국은 왜 이렇게 되었을까? 그 이유는 거시적으로 안정되었을 때 미시적 불안정성을 창출해내지 못했기 때문이다. 미시적 불안정성은 두 가지 상태로 나타난다. 하나는 미시적 경제 주체, 즉 기업들이 경제적 혼란으로 도산하는 상태를 말할 수 있다(위기 상태에서의 미시적 주체의 상태). 다른 한편으로는 극심한 경쟁구조에 처한 기업들의 상태를 표현할 수도 있다(자기창조 상태에서의 미시적 주체의 상태). 후자가 바람직한 미시적 불안정 상태다. 이러한 상태는 기업가정신과 관련되어 있다.

기업가정신이 충만할수록 미시적으로 불안정한 시기에 처하게 된다. 기업가정신이 있다는 것은 기존 기업이나 새로운 시장에 도전하는 기업이 많다는 것을 의미한다. 그렇게 되면 산업생태계에는 건전한 불안정성이 만들어진다. 경쟁에서 이기기 위해 노력하는 기업들과 경쟁에서 밀려나는 기업들이 혼재되기 때문이다. 그러면서 무언가 꿈틀대는 변화가 만들어지게 된다. 여기서 살아남아서 강력해진 기업들이 국가 경쟁력을 높인다. 미시적 불안정성이 거시적 안정성으로 이어지는 것은 이 때문이다.

올림픽에 출전하기 위해 선수들은 자신의 종목에서 피눈물 나는 노력을 한다. 이를 통해 그들은 차별적 경쟁우위를 차지하려고 한다. 이러한 선수들의 노력이 미시적 불안정 상태를 만든다. 물론 월등한 실력을 인정받아 올림픽 출전 자격을 얻었다고 해서 반드시 올림픽에서 메달을 따는 것은 아니다. 하지만 국가적인 측면에서는 메달 획득의 가능성이 훨씬 높아진다. 거시적으로는 안정되는 현상이 나타나는 것이다. 미시적으로 안정을 이루기 위해 경쟁 없이 추첨으로 선수를 선발할 수도 있다. 그렇게 되면 경쟁을 하지 않으므로 선수들은 편할지도 모르지만(미시적 안정성), 국가는 올림픽에서 1개의 메달도 획득하지 못하게 된다. 거시적으로는 불안정하게 된다는 말이다.

한국이 위기 상태에 진입하고 있을 때 한국 기업들은 부동산투자로 막대한 돈을 벌었다. 기업 입장에서는 부동산으로 쉽게 돈 벌 수 있는데, 무엇 때문에 제품개발과 생산기술 개발을 하겠는가? 기업들은 미시적으로 안정되었지만, 이로 인해 국가는 멍들고 있었던 것이다.

조직도 마찬가지다. 조직 환경은 느리던 빠르던 변하게 마련이다. 그런데 최근 들어 이 속도에 가속도가 붙고 있다. 내가 변하고 있으니 너

희들도 변하라고 환경은 경고를 보내고 있다. 하지만 조직 구성원들은 여기에 관심이 없다. 그들은 변화라는 것 자체가 귀찮기 때문이다. 환경은 익숙한 것을 버리고 새로운 것을 취하라고 계속해서 경고하고 있다. 고개를 빳빳하게 들고 다녀도 아무도 나무라는 사람이 없는데 고개를 숙이란다. 조직 구성원들은 이 모든 것이 불만이다. 그래서 과거를 고집하며 미시적 안정을 찾으려고 한다. 바로 이것이 문제다. 과거에 집착하며 변화를 거부하는 조직은 예외 없이 환경에 적응할 수 없다. 자기창조의 기본조건인 미시적 불안정성을 만들어낼 수 없기 때문이다. 결국 숨이 넘어갈 즈음에 이르러 변하고자 노력하지만 때는 이미 늦었다.

다시 말하지만, 지속적인 자기창조를 위해서는 반드시 미시적 불안정성을 생성해야 한다. 그렇지 않으면 자기창조는 일회성 변화로 그치게 되고, 조직은 죽은 나무로 전락하게 된다. 어떤 조직이 진정한 의미의 자기창조에 돌입했는가의 여부는 미시적 불안정성을 생성하기 위해 얼마나 노력했는지를 통해 알 수 있다.

••• 미시적 불안정성의 구성요인

미시적 불안정성은 어떻게 만들어지는 것일까? 여기에는 두 가지가 필요하다. 첫째는 구성원들이 서로 긴밀하게 연결되어야 한다. 개별 구성원들이나 집단들이 연륙교로 이어진 섬들처럼 서로 연결되어 고립되지 않도록 해야 한다.

둘째는 개별 구성원들이 비대칭적 사고를 할 수 있어야 한다.[24] 즉 구성원들이 서로 다른 사고를 하고, 이것이 비판받지 않아야 한다. 그렇게 되면 구성원들은 자신의 생각을 자유롭게 펼치게 되고, 이것이 다른 구성원들에게 영향을 미쳐 조직은 항상 새로운 아이디어와 실행으로 가득 차게 된다. 이런 상태가 유지되면 조직은 보글보글 끓는 물처럼 항상 유동적으로 변화할 수 있게 된다. 이것이 미시적 불안정성이 완성된 상태다.

연결과 비대칭성이 가져다주는 미시적 불안정성을 통해 자기창조가 일어나는 예는 자연에서 찾을 수 있다. 무리를 지어 하늘을 나는 새들이 좋은 예다. 새들은 한 가지 패턴으로만 날아가지 않는다. 그들은 환경 변화에 따라 날아가는 모습을 자유롭게 바꾼다. 그 이유는 무엇일까? 두 가지 이유가 있다. 하나는 군락을 이루는 새들 간의 관계다. 즉 무리를 지어 나는 새들은 앞뒤 그리고 위아래 새들 간의 일정한 거리를 유지하려고 노력한다. 이것이 하늘을 나는 새들 간의 연결이다. 새들이 이루는 패턴은 이러한 연결(다른 말로 '상호작용'이라고도 한다)에 의해 만들어진다. 앞에 가는 새와 뒤에 가는 새 사이의 간격을 일정하게 유지하려고 노력하는 과정에서 거대한 패턴이 만들어진다.

이러한 연결은 고정된 것이 아니다. 만일 새들의 앞뒤와 좌우 간격이

---

[24] Anderson, P.(1999), "Complexity Theory and Organization Science", *Organization Science*, 10, 217~232.

고정되어 있다면 새들의 상호작용도 고정된다. 그렇게 되면 새들은 하나의 패턴만을 유지할 뿐 다른 패턴으로 전환할 수 없게 된다. 마치 고대(古代)의 병정들이 사각형의 진형을 유지하며 앞으로만 걸어가는 것과 유사하다. 하지만 새들은 자유자재로 패턴을 바꾸며 군무를 할 수 있다. 그 이유는 새들 간의 연결이 유연하기 때문이다.

패턴 변화가 자유로운 이유는 또 있다. 무리를 이루던 새들 중 한 마리가 작은 변화를 일으키고 이것을 무리 전체가 받아들이면 패턴 변화가 일어난다. 일정한 간격을 유지하고 있던 무리 중의 한 마리가 방향을 선회하면서 기존의 틀을 벗어나는 것이 이에 해당한다. 이것을 '비대칭적 행동'이라고 한다. 이 비대칭적 행동이 새로운 패턴을 만들어내는 원천이다. 하늘을 나는 새들이 다양한 모습으로 무리를 지어 나는 이유는 아주 단순하다. 연결과 비대칭성을 기반으로 미시적 불안정성을 지속적으로 유지할 수 있기 때문이다.

지금까지 설명한 것을 요약해보자. 자기창조 조직이 되기 위해서는 미시적 불안정성이 확보되어야 한다. 이것을 만들어내기 위해서는 두 가지 조건이 필요한데, 연결과 비대칭성이 그것이다. 연결은 자기창조에 매우 중요한 의미를 갖는다. 바둑에는 '나의 돌은 연결하고 남의 돌은 끊어라' 라는 법칙이 있다. 나의 돌들을 어떤 방법으로든 연결하면 집이라는 거대한 패턴을 만들 수 있다. 반대로, 남의 돌은 가능하면 잘게 쪼개놓으면 상대는 집을 이루지 못하게 되어 패하게 된다. 이러한 바둑에서 연결의 개념은 조직의 자기창조에도 그대로 적용된다.

앞서 말한 것처럼, 연결은 구성원 간의 상호작용에 의해 만들어진다.

구성원 간의 연결이 긴밀해야 바둑에서 집을 만드는 것처럼 자기창조의 핵심인 공진화 현상을 일으킬 수 있다. 2002년 월드컵 때 한국팀을 응원하기 위해 서울 시청 앞에 수많은 사람들이 몰려들었다. 어떻게 이것이 가능했을까? 이것 역시 연결이라는 현상으로 설명할 수 있다. 그들은 인터넷과 휴대폰으로 연결되어 친구들과 긴밀하게 연락을 취할 수 있었다. 상호작용의 밀도가 높아진 것이다. 이것이 결국 전 세계가 주목할 만큼 아름다운 응원문화를 만들어냈다.

미시적 불안정성을 확보하기 위한 두 번째 조건은 비대칭성이다. 무리를 지어 하늘을 나는 새들의 비행 패턴이 변화하는 이유도 비대칭적 행동 때문이다. 이전과는 다른 혹은 주위 사람들과 다른 행동이나 생각을 보여주는 것이 비대칭성이다. 즉 차이를 유발하는 행동을 일컫는다. 일정한 루틴이 강력하게 작동되는 조직에서는 대칭성이 작용한다. 상대가 어떤 생각과 행동을 할 것인가가 예측된다면 대칭적 상태에 있다고 말할 수 있다. 이 대칭성은 새로운 생각이나 행동을 방해하는 역할을 한다. 서로 다른 사고와 행동을 하는 사람이 많을수록 그 조직은 비대칭성이 높아진다. 소위 말하는 창조적 조직의 특징이다.

미시적 불안정성을 이용해 지속적으로 자기창조를 하는 조직으로 3M을 들 수 있다. 3M에는 "최근 4년간의 매출액 중 30%를 신제품이 차지해야 한다."는 원칙이 있다. 신제품이란 기존의 것이 아닌 새로운 개념이나 아이디어를 활용하여 만든 제품을 말한다. 기존의 제품과 비대칭을 이루는 제품이라는 의미다. 이러한 제품을 만들어내기 위해서 3M의 직원들 역시 끊임없이 비대칭적 생각을 해야 한다.

하지만 비대칭적 생각을 아무리 잘해도 여기에 귀를 기울이는 사람이 없으면 아무런 소용이 없다. 그리고 이것을 실현시키려는 공동의 노력이 있어야 한다. 이것이 바로 연결이다. 연결은 수평적이면서도 수직적으로 구조화되어 있지 않으면 효과가 없다. 사람 간의 연결뿐만 아니라 단위 조직 간의 연결도 매우 중요하다. 3M은 이러한 연결과 비대칭성을 이용해 지속적으로 자기창조를 해나가는 조직이다. 만일 이것이 멈추면 3M은 더 이상 존재하지 않게 된다.

비대칭성은 있으되 구성원들 간의 연결이 미비하여 성장에 제동이 걸린 조직으로 제록스(Xerox)를 들 수 있다. 제록스는 복사기라는 제품을 내놓아 세상을 깜짝 놀라게 만든 기업이다. 하지만 현재 이 회사는 성장에 제동이 걸리면서 조직 쇠퇴의 위기에 처해 있다. 이 회사는 미국 캘리포니아 주 팔로알토(Palo Alto)에 굴지의 연구소를 가지고 있다. 이 연구소는 생전 처음 보는 제품들을 만들어내는 데 명수다. 대표적인 예가 오늘날 빌 게이츠를 세계 최고의 부자로 만든 '윈도우'라는 컴퓨터 운영체제다.

IBM의 '도스'라는 운영체제가 세상을 휘젓고 있을 때였다. 제록스의 팔로알토 연구소에 근무하는 한 연구원이 여러 가지 파일을 한 화면에서 동시에 작업할 수 있는 지금의 윈도우 운영체제를 만들어냈다. 하지만 아무도 이 운영체제에 관심을 갖지 않았다. 새로 만든 운영체제가 제록스의 복사기 중심의 사고와는 너무나도 비대칭적이었기 때문이다. 우여곡절 끝에, 이 운영체제의 권리는 애플컴퓨터(Apple Computer)의 스티브 잡스에게 넘어가게 되고, 그후에 다시 빌 게이츠에게 넘어가게 된다. 불행히도, 새로운 운영체제의 원래 주인인 제록스는 그것으로 한 푼도 벌지 못했다. 왜 그랬을까? 비대칭적 사고에 주목하고 이를 상업화 시키는 연결이 끊겨 있었기 때문이다. 쉽게 말해, 제록스는 미시적 불안 정성을 만들어내는 조직 역량을 갖추지 못한 것이었다.

관세청의 자기창조는 전·후반에 걸쳐 일어난다. 전반기는 자기창조 라는 변화의 계기를 마련하고 이를 실행에 옮기던 시기다. 이 책의 제4 장에서 제7장에 이르는 내용이 여기에 해당한다. 후반기는 자기창조의 핵심 기제인 미시적 불안정성을 만들어가는 시기다. 이 책에 의하면 제 9장 이후의 내용이다. 관세청의 사례가 중요한 이유는 이곳에서 미시적 불안정성을 생성하기 위한 기제들이 만들어지고 유지되고 있기 때문이 다. 이를 통해 관세청을 항상 새로운 상태로 유지시키려는 노력들이 전 체 구성원들을 중심으로 이루어지고 있다는 사실은 하나의 놀라움이 다. 이 점에 대해 차근차근 살펴보는 것이 지금부터 할 일이다.

Self Creation 9

미시적 불안정성 생성 메커니즘

••• 연결과 비대칭성의 생성

　　　　　　　미시적 불안정성이란 실무계층의 구성원들에 의하여 지속적인 변화가 일어나는 상태를 말한다. 주위 상황이나 고객 환경변화에 따라 자신이 수행하고 있는 기존의 루틴을 새로운 것으로 변경하는 행위가 여기에 해당한다. 미시적 불안정성은 연결과 비대칭성에 의하여 만들어진다. 그렇다면 이들을 어떻게 만들어낼 수 있을까? 이에 대한 답이 〈그림 9-1〉에 정리되어 있다. 〈그림 9-1〉은 조직에서 연결과 비대칭성을 만들어내는 세부요인들을 구체적으로 제시하고 있다. 설명의 편의를 위해 비대칭성부터 살펴보자.

　　비대칭성은 크게 세 가지 세부요인을 통해 생성된다. 가장 중요한 것은 자기객관화다. 이것은 자신을 제삼자의 관점에서 바라보는 성찰적 행위를 말한다. 자신과 자신이 속한 상황을 객관화하여 바라볼 때 자기비판을 할 수 있다. 비판은 자신과 남을 헐뜯는 것이 아니다. 이것을 통해 갭 인식을 하고 이를 치유하는 방안을 찾아 비대칭적 사고를 하자는 것이 비판의 핵심이다.

두 번째는 자기재량이다. 아무런 제약 없이 자신만의 독특한 생각을 할 수 있어야 한다. 이것도 안 된다, 저것도 안 된다, 전례가 없다, 왜 해야 하느냐라는 말만 무성한 조직에서는 애초부터 비대칭적 사고가 만들어지지 않는다. 규정과 지시에 의해 움직이는 조직에서는 미시적 불안정성이라는 현상을 만들어내기 어려운 이유가 여기에 있다.

세 번째로는 위험이 대한 심리적 안정이다. 비대칭적 사고는 다른 구성원들에게 부정적으로 받아들여지거나 배척될 수 있다. 이런 현상이 반복되면 비대칭적 사고를 하는 구성원들은 심리적 불안감을 느끼게 되는데, 이를 극복할 수 있는 심리적 안전판이 필요하다.

연결 역시 세 가지 세부요인이 확보되어야 완성될 수 있다. 첫 번째는 수직적 연결이다. 상하 간의 거리낌 없는 연계를 말한다. 두 번째는 수평적 연결이다. 기능 간 연계가 여기에 해당한다. 세 번째는 네트워크적 연결이다. 마음에 맞는 사람들끼리 모여 자유롭게 의논하고 해결책을 구하는 연계를 말한다.

세 가지 연결이 중요한 이유는 이들이 있어야 비대칭성 사고가 조직에서 수용되고 퍼져나갈 수 있기 때문이다. 나와 다르게 생각하는 사람들을 이상한 눈초리로 바라본다면 연결은 절대 일어날 수 없다. 이러한

그림 9-1 미시적 불안정성 생성 메커니즘

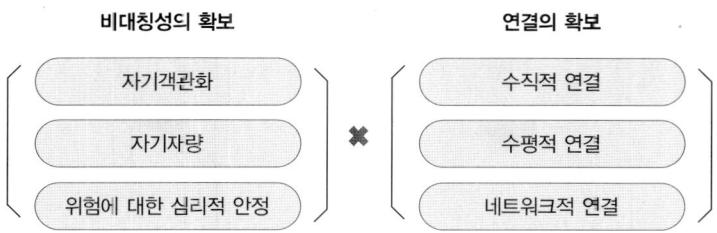

연결은 수직적인 상하관계뿐만 아니라 수평적인 관계 그리고 다른 부서의 동료들과의 관계에서도 일어나야 한다. 비대칭성과 연결의 세부 요인들이 확보되고 두 가지 요인이 상호작용을 하면 미시적 불안정성은 저절로 만들어진다.

관세청의 변화 역시 비대칭성과 연결이라는 관점에서 재해석해볼 수 있다. 관세청의 변화는 과거와는 다른 종류의 개념세계에서 출발했다. 변경된 개념세계를 통해 관세청은 기존 사고와 다른 비대칭적인 사고를 하게 된다. 이것을 조직 전체로 확산시키는 과정에 연결이 개입된다. 즉 일차집단에서의 공명과 이차집단으로의 공진화가 다름 아닌 연결이 일어났음을 보여주는 현상이다. 하지만 이것만으로 관세청이 자기창조 조직이 되었다고 속단하기에는 이르다. 모든 구성원들이 비대칭성을 만들고 이를 연결하여 구성원 스스로 미시적 불안정성을 만들어낼 수 있어야 한다. 그런데 관세청에서 이와 같은 일이 벌어졌다. 〈그림 9-1〉의 미시적 불안정성 생성 메커니즘이 작동된 것이다.

••• 자기객관화, 자기재량과 심리적 안정

관세청은 어떤 방식으로 미시적 불안정성을 만들어냈을까? 그 비밀을 풀기 위해 우선 비대칭성 부분부터 살펴보자. 앞서 설명한 것처럼, 비대칭성은 자기객관화 능력과 자유재량 그리고 위험에 대한 심리적 안정이 확보될 때 조성된다.

구성원의 자기객관화 능력을 키우기 위한 노력은 관세청이 새로운 비전과 실행전략 그리고 이행과제를 도출하는 과정에서 잘 드러나고 있다. 관세청은 자기창조를 시작한 이래 2005년에 두 번째 최고의사결정자를 맞이한다. 바로 성윤갑 청장이다. 성 청장이 등장하면서 관세청은 비전과 전략 그리고 이행과제 도출 과정에서 새로운 변화를 경험하게 된다. 과거에는 톱다운 방식을 사용했는데 여기에 변화가 일어났다. 중간관리층과 하위계층이 참여하는 방식으로 변화한 것이다. 이를 표현한 것이 〈그림 9-2〉이다.

과정은 이렇다. 우선 하위계층에서 광범위하게 수집된 정보가 중간관리층(부서장)을 거쳐 최고의사결정층에 전달된다. 수집된 정보에 기초하여 최고의사결정층은 비전과 전략에 대한 아이디어를 도출한다. 도출된 아이디어는 다시 중간관리층에 전달되고, 이에 기초하여 이행과제들이 도출된다. 도출된 이행과제들은 다시 최고의사결정층에 전달되어 조정을 거치게 된다. 조정된 안들은 다시 중간관리층과의 협의를 거친다. 이러한 과정이 몇 번에 걸쳐 반복된 후 최종 계획안을 수립하게 된다.

그림 9-2 비전과 전략, 이행과제 도출에서 중간관리층의 역할

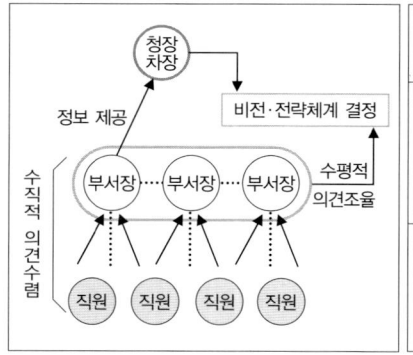

수직적 의견수렴	직원, 현장 고객의 목소리 실시간 수렴
수평적 의견조율	워크숍 및 회의 등을 통해 부서간 의견조정 • 전략체계 구축 워크숍 • 전략 추진기획단 회의를 통한 전략 논의
수평+수직 의견조율	중간관리층이 주도하는 정책현안 조정회의 운영 • 비전 및 세관선진화 5개년 계획 • 이행과제 도출

이렇게 해서 탄생된 것이 CMP2010이다. 관세청의 새로운 비전과 전략체계를 일컫는 것으로, 세관선진화 5개년 계획의 약자다. 과거의 '동북아 경제 중심, 초일류세관 실현'이라는 비전이 순조롭게 달성되었다고 판단하고 만들어진 새로운 비전과 전략 그리고 이행과제를 담고 있다.

새로운 비전-전략-이행과제 도출방식은 구성원들의 자기객관화 능력을 배양하는 데 큰 도움을 주었다. 우선 중간관리층과 하위계층에 속한 많은 구성원들은 이 과정을 통해 기관이 처한 상황을 객관적으로 인식할 수 있게 되었다. 왜 기관의 비전과 전략이 이러한 방향으로 설정되어야 하는지 그리고 왜 이러한 이행과제를 수행되어야 하는지에 대한 분명한 인식을 갖게 된 것이다. 자신이 속한 기관과 부서에 대한 성찰적이고 객관적 시각을 키울 수 있는 기회를 가지게 되었다.

관세청 사람들은 'FOCUS 사고'를 갖도록 교육받는다. 이 역시 자기

객관화와 관련이 있다. FOCUS는 문제발생(Fault Outbreak), 근본원인 파악(Root Cause Understanding) 그리고 문제해결(Solving Problems)의 영어 단어 첫 글자를 조합하여 만든 것이다. 현장에서 아무리 조심해도 문제는 발생하기 마련이지만, 더 중요한 것은 재발을 방지하기 위한 완벽한 조치를 세우는 것이라는 생각이 여기에 담겨 있다.

이를 위해서는 먼저 현장으로 달려가 문제를 인식하고 해결할 수 있는 방안을 세우라고 교육했다. 이것을 관세청은 'GOLF 사고'라고 한다. 현장에 가서 듣고 느끼라는 뜻인 'GO and see + Listen to the field + Feel'의 영어단어 첫 글자를 조합한 것이다. 문제를 인식하는 것은 자신의 잘못을 인정하는 것과 같다. 자신에 대한 비판의식이 없으면 불가능한 사고다. 문제가 파악되고 대책을 세우는 과정에서 문제해결자는 비대칭적 사고를 발휘하게 된다. 이를 습관화 해야 한다는 것이 관세청에서 강조되고 있다.

자유재량을 늘리는 일도 착수되었다. 권한의 하부이양이 좋은 예다. 정부 조직에서 가장 큰 권한 중 하나는 인사권이다. 하부단위의 정원운영도 상부에서 결정되는 것이 정부 조직의 일반적 현상이다. 이러한 인사권과 하부단위의 정원운영권을 과감히 본부세관과 국으로 이양했다. 중간관리층의 재량을 대폭 늘려준 것이다. 이러한 조치와 더불어 조직을 팀제 형식으로 전환하고 동시에 결재권의 하부이양도 진행되었다. 이제 중간단위 조직과 팀 조직이 스스로 움직일 수 있는 여건을 갖추게 된 셈이다.

과제실행자의 심리적 안정을 높여주기 위한 노력도 진행되었다. 가

그림 9-3 과제스폰서제도

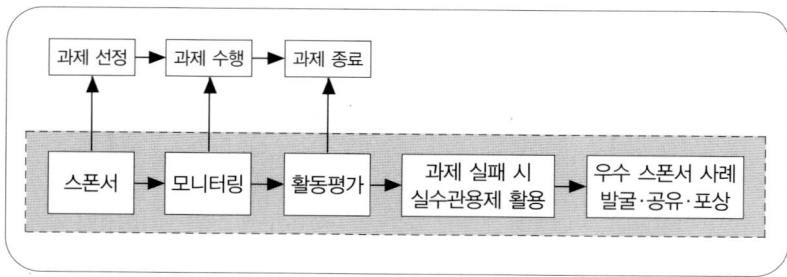

장 먼저 중간간부들의 역할이 새롭게 정립되었다. 중간간부들에게 과제스폰서를 담당하게 한 것이다. 스폰서는 핵심 과제에 참여하는 팀원들의 실수를 대신 책임져주는 상사를 말한다. 예를 들면 '밀수 타이밍을 잡아라'와 같은 과제의 스폰서는 청장이 맡았다. 과제스폰서제도는 핵심 과제를 실행하는 과정에서 과제실행자의 비대칭적 사고를 최대한 이끌어내기 위한 조치다. 여기에는 실패의 두려움을 떨쳐버리고 어떤 상상이든 자유롭게 해보자는 의미가 담겨 있다.

　중간간부와 과제실행자의 의도하지 않은 실수를 최대한 용인하는 실수관용제도도 도입되었다. 과제를 실행하는 과정에서 일어난 경미한 과실이나 착오를 질책하던 관행을 버리고 개인의 실수 부담을 최대한 완화해주는 제도를 도입한 것이다. 새로운 제도에서는 경미한 과실이나 착오에 대해 경고나 주의 처분을 내려 인사상의 불이익을 주던 방식을 사회봉사로 대체했다. 〈그림 9-3〉과 〈표 9-1〉은 과제스폰서제도와 실수관용제도를 개략적으로 보여준다.

표 9-1 실수관용제도

구분	주요 내용
기존 제도	경미한 과실이나 착오에 대해 경고나 주의 처분을 내려 직원들의 사기 저하와 도전적 업무 수행을 저해
실수관용제도	'관세공무원상벌에관한시행세칙' 개정을 통해 단순·경미한 과실이나 착오에 대해서는 경고나 주의 처분 대신 사회봉사로 대체하여 개인의 실수 부담을 완화

수직적, 수평적 및 네트워크적 연결

비대칭성과 더불어 연결은 미시적 불안정성을 만들어내는 또 다른 핵심 요인이다. 수직적 연결, 수평적 연결 그리고 네트워크적 연결이 중요함을 지적했다. 관세청의 수직적 연결에 대해서는 이미 언급한 것이나 마찬가지다. 〈그림 9-2〉는 관세청의 수직적 연결에 대한 정보도 담고 있다. 실무계층-부서장-최고의사결정층으로 이어지는 연계가 그것이다.

하지만 수직적 연결은 단순히 계층 간의 연계만으로 완성되는 것이 아니다. 수직적 계층 간의 심리적 거리를 좁혀주는 것도 매우 중요하다. 심리적 거리란 아랫사람이 윗사람에게 느끼는 거리를 말한다. 쉽게 다가서기 어렵고 의견 개진도 제대로 안 된다면 심리적 거리가 먼 것이다. 조직에서 심리적 거리를 멀게 하는 주된 요인은 권위주의다. 권위주의는 지시와 규정을 중요시하는 조직에서 잘 나타난다.

그림 9-4 관세청의 권위주의와 관련된 설문결과

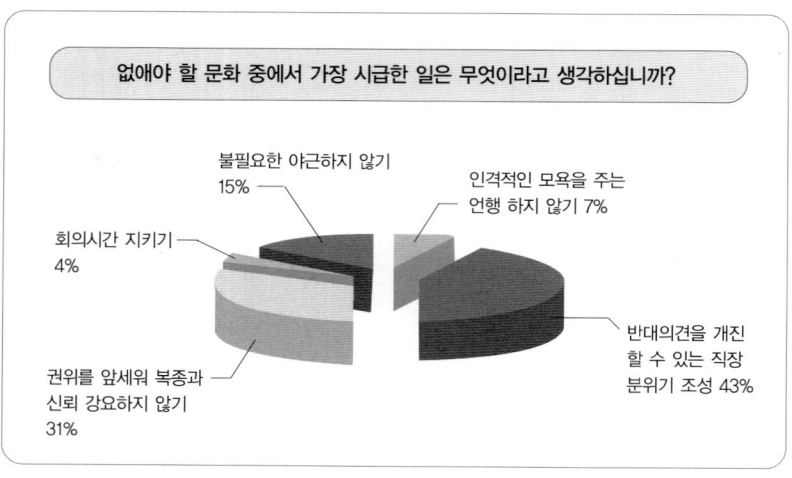

관세청에서도 유사한 현상이 일어났음을 보여주는 조사결과가 있다. 〈그림 9-4〉는 관세청에서 없애야 할 문화에 대한 설문결과를 보여주고 있다. 이 결과를 보면 인격적 모욕을 주는 언행 7%, 권위를 앞세워 복종과 신뢰를 강요하는 행위 31%, 반대의견을 개진하지 못하게 하는 분위기 43%로 권위주의와 관련된 응답이 무려 81%나 된다.

권위주의가 만연된 조직에서는 실효성 있는 수직적 연결이 이루어질 수 없다. 이러한 분위기를 타파하겠다고 관세청이 나섰다. 우선 하위계층의 굳게 닫힌 언로를 트는 방법을 강구했다. 지시와 권위가 팽배한 조직에서는 부하들이 입을 닫게 마련이다. 무엇을 요청해도 쉽게 받아들여지지 않는다는 사실이 확실하게 학습되었기 때문이다.

이런 관행을 깨뜨리기 위해 70%룰이 실행되었다. 70%룰이란 직원과

의 대화 도중에 나온 건의사항이나 애로사항에 대한 수용 여부 또는 불가를 즉답하는 비율을 적어도 70% 이상 유지하겠다는 규칙이다. 가장 먼저 청장이 시범을 보였다.

그리고 이를 사후관리하는 시스템도 개발했다. 수용이라고 답변한 사항에 대해서는 일주일 이내, 한 달 이내 그리고 한 달 이후 시행 등으로 구분하여 관리했다. 즉답하지 못하고 추후 검토하겠다고 답한 경우에는 건의사항을 제안한 직원 및 관련 부서장에게 7일 이내 통보하고, 기일 이내에 답변할 수 없는 경우에는 그 사유를 정식적인 채널을 통해 통보해주었다.

70%룰은 구성원들의 사기를 진작시키는 효과도 있었지만, 윗사람에게 자신의 의견을 전달할 수 있다는 자신감을 심어준 효과가 더 컸다.

다음으로 권위주의적 사고 청산에 나섰다. 〈표 9-2〉에서 이에 대한 관세청의 노력을 엿볼 수 있다. 인격적 모욕을 주는 언행 하지 않기, 보고할 때 의자에 앉게 하기, 간부들은 늦게 퇴근하지 않기, 기념식에 기관장 이름 넣지 않기, 승강기 함께 타기, 퇴근시간이 임박해서 업무 부여하지 않기 등 관세청이 지금까지 해온 관행을 솔직하게 표현한 실행목록을 공표하고 간부들이 솔선수범해서 지키도록 유도했다. 이러한 노력을 통해 상사와 부하가 서로 존중하고 가까워질 수 있도록 배려했다. 그래야만 상사가 부하의 생각을 받아들일 수 있다고 관세청은 생각했다.

표 9-2 권위주의 타파를 위한 실행목록

1. 인격적 모욕을 주는 언행 하지 않기
2. 반대의견을 개진하는 분위기 조성하기(의견 개진 시 끊지 않기)
3. 권위를 앞세워 복종과 신뢰 강요하지 않기(부당한 지시 금지)
4. 보고할 때 의자에 앉게 하기
5. 권위적인 용어 사용하지 않기와 아름다운 말 발굴하기
6. 회의시간 지키기
7. 웃음으로 답해주기
8. 격려와 칭찬 자주하기
9. 인사부서의 권위주의 없애기(일방적 지시 금지)
10. 먼저 인사하기
11. 간부들(국·과장급)은 늦게 퇴근하지 않기
13. 불필요한 저녁회식 하지 않기
14. 기념식수에 기관장이름 넣지 않기
15. 관리자는 뮤지컬, 영화 등 문화행사 프로그램에 참여하기
16. 세관 민원실의 민원대 높이 낮추기
17. 짧은 만남, 오랜 감동을 주는 '엘리베이터 덕담 나누기'
18. 엘리베이터 함께 타기
19. 술 강권하지 않기
20. 상사 퇴근할 때까지 기다리지 않기
21. 직원의 고충 청취를 위해 월 1회 개별 면담하기
22. 상하 간에 반말하지 않기
23. 기관장은 정시에 퇴근하기
24. 퇴근시간이 임박해서 업무 부여하지 않기
25. 식사는 사전에 예고하기(당일 갑작스런 회식 금지)
26. 부하직원들과 늦게까지 식사하지 않기(회식은 21시 종료)
27. 퇴근시간 이후에 업무 지시하지 않기
28. 출퇴근 및 식사할 때 상사 마중하지 않기
29. 세관청사 내 직원 휴식공간 마련하기
30. 회식자리에서 관리자가 먼저 자리뜨기

31. 여직원에게 '미스', '여사' 라는 호칭 사용하지 않기
32. 주 1회 자유 복장으로 근무하기
33. 상급자는 일선에 전화할 때 본인 신분 밝히기
34. 부하직원에게 개인적인 잔심부름 시키지 않기
35. 직원 간의 칭찬 릴레이 하기
36. 간부회의에 직원 대표 참여하기
37. 무기명 의견수렴장 개설하기
38. 1인 1동호회 가입하기
39. 외부강사 초청 예절교육 실시하기
40. 점심시간 등 자투리 시간을 이용한 문화 프로그램 개발하기

권위주의적 사고 청산에 청장도 적극적으로 나섰다. 우선 자신과 관련한 고압적 의전관행을 줄여나갔다. 〈표 9-3〉이 그 예를 보여주고 있다. 청장의 이러한 노력은 비록 작은 것이지만 구성원들, 특히 중간관리자들에게 매우 강력한 메시지를 주었다. 윗사람에게 쉽게 다가설 수 없는 문화는 없애겠다는 강력한 의지가 담긴 것이다.

표 9-3 기관장의 권위주의적 사고 청산 노력

기 존	개 선
회의실 입장할 때 참석자 전원 기립	자리에 앉은 채로 맞이함
출퇴근할 때 비서관이 미리 엘리베이터를 잡아놓고 기다림	엘리베이터를 잡아놓는 관행을 없애고, 인사도 사무실 문 앞에서 함
일선 세관을 방문할 때 문 앞에서 2열로 도열함	세관장만 문 앞에서 영접함
화장실 칸막이 설치	화장실 칸막이 제거

수평적 연결을 조성하기 위한 노력도 전개되었다. 그중에서도 특히 기능부서 간의 연계에 고심했다. 거대 조직에서는 기능 간의 수평적 연계가 단절된 경우가 다반사다. 그렇게 되면 구성원들은 자신이 속한 기능부서 이외에는 관심을 갖지 않게 되고, 자연스럽게 각각의 부서들은 고립된 섬이 된다. 소위 할거주의 현상이 나타나는 것이다. 이 문제를 해결하지 않고서는 수평적 연결을 이룰 수 없다.

관세청도 이와 유사한 상황에 처해 있었다. 주요 현안과 정보 그리고 비전달성을 위한 핵심 과제들이 기능부서를 중심으로 진행됨에 따라 각 국·실별로 개별적으로 보고가 이루어졌다. 따라서 업무 진행상황이 다른 부서와 연계되어 점검되지 못하는 문제가 발생했다. 이러한 문제를 해결하기 위해 관세청은 정책현안조정회의를 신설했다. 이 회의에는 관련 부서의 국·실장과 과제 관련 담당 과장 등이 참석하게 된다. 정책현안은 각 부서 간의 종합적인 검토가 필요한 사항으로 청장이나 차장이 선정하거나 주관 국·실의 요청에 의해서 선정된다.

일예로, 여행자휴대품신고서나 가짜상품 단속과 같은 사안은 단일부서보다는 여러 부서와의 공동의 노력으로 해결해야 하는 문제다. 이러한 문제들을 담당자와 의사결정자가 모여 논의하는 것이 정책현안조정회의의 역할이다. 이 회의가 갖는 의미는 단순하다. 한 부서의 비대칭적 행위가 그 부서에만 국한되는 것이 아니라 관련된 다른 부서의 행동 패턴에도 영향을 미치도록 했다는 점이다. 이 회의에서 결정된 사항에 대한 조치결과는 최고의사결정자에게 보고된다. 회의로 끝나는 것이 아니라 실질적인 연결에 의한 실행을 독려하기 위해서다.

네트워크적 연결을 만들어내기 위해 관세청은 학습동아리(Community of Practice ; CoP)[25]를 활용하고 있다. 학습동아리와 네트워크적 연결이 어떤 관련이 있는지는 학습동아리 활동 예를 살펴보면 알 수 있다. 관세청에는 오랫동안 해결되지 못한 민원이 하나 있었다. 그것은 물품의 품목분류와 관련된 일이었다. 수출입물품의 품목분류가 너무 전문적이고 어려워 무슨 내용인지 이해가 되지 않는다는 것이 불만의 골자였다.

수출입물품의 품목분류가 왜 중요할까? 그것은 품목분류가 어떻게 되느냐에 따라 관세가 하늘과 땅 차이로 달라지기 때문이다. 가령, 동일한 품목의 디지털카메라지만 정지화면만 찍는 디지털카메라는 관세율이 0%인 반면, 동영상도 찍을 수 있는 카메라는 8%에 이른다. 마른 고추는 관세율이 270%이지만 냉동고추는 27%이다. 비슷한 수입품목이라도 관세품목분류(HS 코드라고 한다)에 따라 전혀 다른 품도으로 분류되어 관세율에 엄청난 차이가 나는 것이다. 현행 수출입물품에 대한 통관은 '선통관 후심사'로 이루어진다. 기업에서는 HS 코드에 대한 이해 부족과 상품에 대한 정보 부족으로 품목분류를 잘못 신고해 피해를 보는 사례가 적지 않다. 실제 2005년 부산세관에서만 수출입업체의 품목분류 착오신고 사례가 2천442건이나 되었다. 이로 인해 잘못된 관세추징액도 114억 원에 이르렀다.

HS 코드는 전 세계 160여 개 국가에서 사용되고 있으나, 학술용어가 많고 내용이 전문적이어서 실무경험이 풍부한 관세청 직원도 혼동할

---

[25] Wenger, E. C. and Snyder, W. M.(2000), Communities of Practice : The Organizational Frontier, *Harvard Business Review*, 78(1), 139~145.

그림 9-5 상품 이미지를 기반으로 한 상품정보 전문 사이트

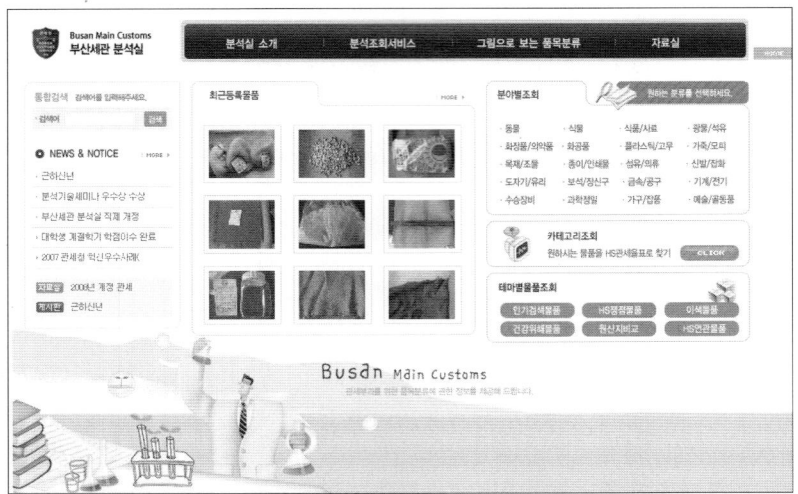

때가 많다. 그런데 이 문제를 해결하겠다고 한 학습동아리가 나섰다. '백문이 불여일견(百聞이 不如一見)'이라는 이름을 가진 부산본부세관 소속 학습동아리다. 이 동아리는 품목분류에 상품의 이미지를 활용하는 방법을 사용했는데, 그 결과를 인터넷사이트에 올려 관세청의 오랜 민원을 해결하게 된다(〈그림 9-5〉 참조).

이 학습동아리의 구성을 살펴보면 학습동아리가 왜 네트워크적 연결과 관련되어 있는지를 알 수 있다. '백문이 불여일견'은 7개 부서의 사람들로 구성되어 있다. 그중 부산본부세관 분석실에 속한 사람들이 가장 많았다. 여기에 부산세관의 수입1과, 부두통관1과, 부두통관3과 및 홍보담당관실 사람들이 참여했다. 개중에는 부산본부세관이 아닌 외부

조직의 사람들도 있었다. 양산세관과 ㈜블루컴이라는 기관에서 각각 한 명이 참여했다.

이처럼 하나의 부서가 아닌 여러 부서의 사람들이 모인 이유는 과제해결에 다양한 전문인력과 이들의 협력이 필요했기 때문이다. 학습동아리에 모인 사람들은 결코 위계적인 구성을 나타내지 않는다. 여기저기에 소속된 사람들이 하나의 관심사를 해결하기 위해 모인다. 이런 모습을 '네트워크적'이라고 한다. 따라서 학습동아리에서는 자연스럽게 다양한 부서의 사람들과 긴밀한 대화가 오간다. 이것이 네트워크적 연결이 목표하는 모습이다.

관세청에서는 이런 학습동아리가 2003년부터 태동했으며, 2005년에는 그 활동이 더욱 본격화되었다. 각종 매뉴얼과 사례집 발간 등의 학습활동에 136개 학습동아리 총 1천216명의 사람들이 참여했다. 2006년부터는 각종 문제해결을 위한 학습동아리가 활성화되었다. 업무 프로세스 개선, 밀수 적발 등 당면현안 해결을 목표로 하는 학습동아리가 전체 667개, 참여인원이 총 5천877명에 이르게 된다. 더불어 관세청은 학습동아리 전체를 전사적으로 네트워크화 하는 노력도 기울였다. 각 업무 분야별로 개별 세관의 학습동아리를 네트워크화 하는 것이 그것이다. 2007년부터는 학습동아리를 외부적으로 네트워크화 하는 노력도 기울였다. 학습동아리에 외부전문가가 참여한 것이다. 또한 외부 학습동아리와 연계된 합동 학습동아리도 활성화시켰다. 이들의 참여로 외부전문가들의 지식이 학습동아리로 유입되기 시작했다. 〈그림 9-6〉은 이를 나타낸 것이다.

그림 9-6 학습동아리의 네트워크화

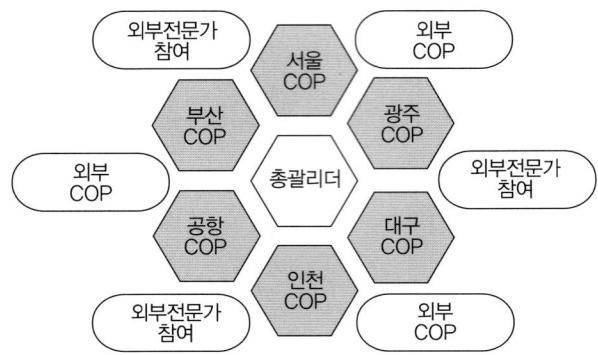

Self Creation 10
미시적 불안정성의 실제

　　미시적 불안정성과 관련된 관세청의 사례에는 무엇이 있을까? 이에 대해 엄청난 양의 사례를 모을 수 있을 것 같다. 하지만 이들을 모두 소개하기는 어렵다. 그중 관세청의 특징을 잘 나타내는 사례로 세 가지만 들어보려고 한다. 첫 번째 사례는 항공기의 출항 취소로 인해 공항에서 벌어지는 소동에 관한 것이다. 두 번째 사례는 국제우편물을 받을 때 발생하는 불편에 관한 것이다. 세 번째는 관세청의 오랜 관행이 고쳐지지 않아 일어나는 관세청의 손실에 관한 것이다. 이들은 모두 많은 불편과 손해를 일으킴에도 불구하고 오랜 시간 방치되었던 것들이다. 이런 문제들이 고쳐지는 과정을 사례로 엮어보았다.

••• 사례 1:
항공기 **출항** 취소에 따른 **재입국절차** 변경

　인천국제공항에서는 사람들을 화나게 만드는 일이 종종 발생하곤 한다. 바다를 매립하여 건설한 인천국제공항은 안개 때문에 항공기 출항이 취소되는 일이 월평균 7.4대 꼴로 발생하고 있다. 비행기를 띄울 수 없는 상황에 처하면 공항은 이내 아수라장이 된다. 심리적으로 불안해진 여행객들은 우왕좌왕하며 항의하거나 농성을 벌이기도 한다. 이보다 더 큰 문제가 있다. 일단 출국수속을 마치면 재입국절차를 밟지 않는 한 국내로 들어올 수가 없다. 비행기를 못 탔더라도 국내를 떠난 것으로 간주되어, 외국에서 돌아오는 여행객들과 같은 방식으로 재입국해야 하는 것이다.

　문제는 까다로운 재입국절차였다. 기상악화로 항공기가 결항되면 여행객들은 비행기에서 내려 계류장을 통해 다시 출국장으로 이동해야 한다. 이것으로 모든 절차가 끝나는 것이 아니다. 면세물품을 구입한 사람들은 해당 면세점에 들러 물건을 반환해야 한다. 혹시라도 면세점이 문을 닫았을 경우에는 항공사에서 수거하여 반환하는 번거로움이 뒤따랐다. 또한 항공사 직원은 '출국 역사열 여행자 발생보고 및 휴대품 신고내역서'라는 긴 이름의 문서를 작성하여 세관반송대에 제출하고 출입국관리사무소에 출국 취소를 통보해야 한다.

　이런 일이 마무리된 후에 출국심사대가 별도로 지정되면 비로소 출국자들에 대한 재입국절차가 시작된다. 항공사 직원은 비행기에 실린 여행객들의 짐을 찾아 정해진 집결지로 운송해주어야 한다. 이렇게 운송된 짐을 여행객들은 항공사 직원의 인솔을 받아 집결지로 가서 찾아간다. 때에 따라서는 세관 직원이 나와 반출신고물품에 대해 물품검사를 다시 실시하기도 한다.

이처럼 재입국절차가 복잡하다 보니 여행객의 불만이 하늘을 찔렀다. 특히 비행기에 실린 수화물을 찾는 과정에서 여행객의 불만이 최고조에 이르렀다. 일단 항공사 직원이 비행기에 실린 수화물을 찾아 사람들이 대기하고 있는 장소까지 운반한 후, 여행객들이 자신의 짐을 찾기까지 보통 6~9시간이 걸렸다. 이 시간을 내내 서서 기다리는 것도 문제였지만 수화물의 배달 오류도 심심치 않게 일어났다. 상황이 여기까지 이르면 화내지 않는 사람이 오히려 이상하게 된다. 게다가 면세점에서 산 물건을 반환하는 절차도 사람들을 힘들게 했다. 재입국절차와 관련하여 항공사 직원의 업무부담도 상당했다. 비행기에 실린 수화물을 찾아 집결지로 운반하는 일, 재입국절차를 밟기 위해 서류 작업을 하는 일 그리고 성급한 여행객들에게 욕설을 듣는 일 등 어느 것 하나 쉬운 일이 없었다.

이처럼 심각한 문제가 있었는데도 김포공항을 개항(1958년)한 이래로 줄곧 이 문제가 방치되었다. 부처 및 부서 간 업무 조율이 어렵고 복잡한 관련규정 등으로 인해 해결할 엄두를 못 내던 난제였다.

오랜 현안 해결에 도전하기 위해 과제해결팀이 만들어졌다. 인천공항세관이 주축이 되고 대한항공, 아시아나항공, 출입국관리사무소, 인천국제공항공사 그리고 항공사운영협의회가 참여했다. 치열한 논의와 설득을 거쳐 문제해결의 실마리를 찾아나갔다. 하지만 새로 나온 해결책에 대한 반대의견도 만만치 않았다. 특히 입국장을 통한 재입국 업무처리로 내부갈등을 겪어야만 했다. 면세품 반환과 보관상의 문제, 재입국한 여행객들과 일반 여행객들이 입국장에서 섞이는 문제, 면세품 미반환자의 처리문제 등 관세법상 재입국절차의 처리규정이 미비하다는 것이 반대의 주된 이유였다. 이 문제는 과제해결팀 차원에서 해결할 수 없다고 판단하고, 인천국제공항 보안대책실무협의회의 안건으로 상정하기로 했다. 갖은 노력 끝에, 재입국 여행객이 20명 이상인 경우에 한해 3개월 동안 시범운영을 한 후 문제점을 보완하기로 합의했다. 팀이 구성되고 7개월 만의 일이었다.

항공기 출항 취소로 인한 재입국절차와 관련해서 크게 네 가지 사항이 개선되었다. ①입국장을 통해 재입국하는 방식이 시범적으로 행해졌다. 재입국 여행객은 입국 여행객과 동일한 프로세스에 따라 입국사열대를 통과한 후 세관 입국검사장에서 자신의 수화물을 수령하게 되었다. ②항공기 탑승구에서 유관기관의 직원들이 합동으로 모든 업무를 원스톱으로 처리했다. 과거에는 개별적으로 이루어지던 일들을 한꺼번에 해결하는 방식으로 바꾼 것이다. ③재입국자들의 수하물 수취를 위해 전용 화물벨트(baggage carrousel)도 개설했다. ④재입국자들의 신속한 통관을 위해 전용 통로도 운영했다. 여기에 업무처리의 혼선을 방지하기 위해 업무처리를 위한 세부지침을 수립했으며, 만일의 사태에 대비하여 비상연락망도 구축했다.

〈그림 10-1〉은 재입국절차의 바뀌기 전과 후의 모습을 보여주고 있

그림 10-1 항공기 출항 취소에 따른 재입국절차의 동선 변화

① 변화 전

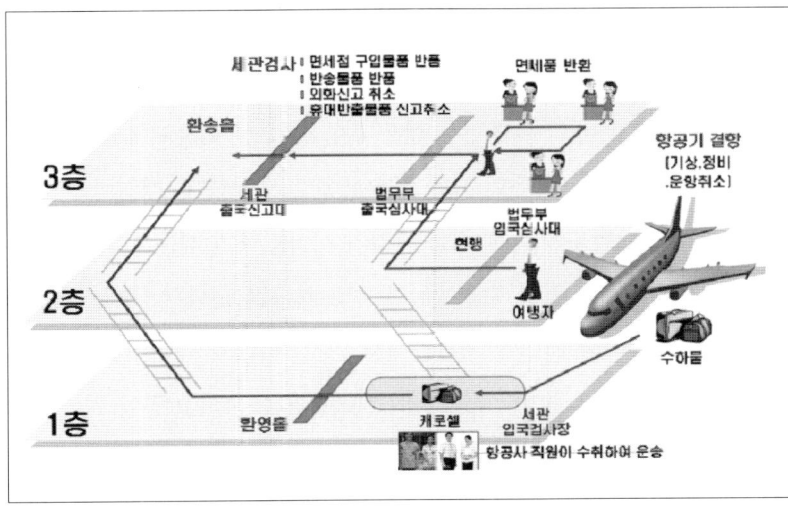

② 변화 후

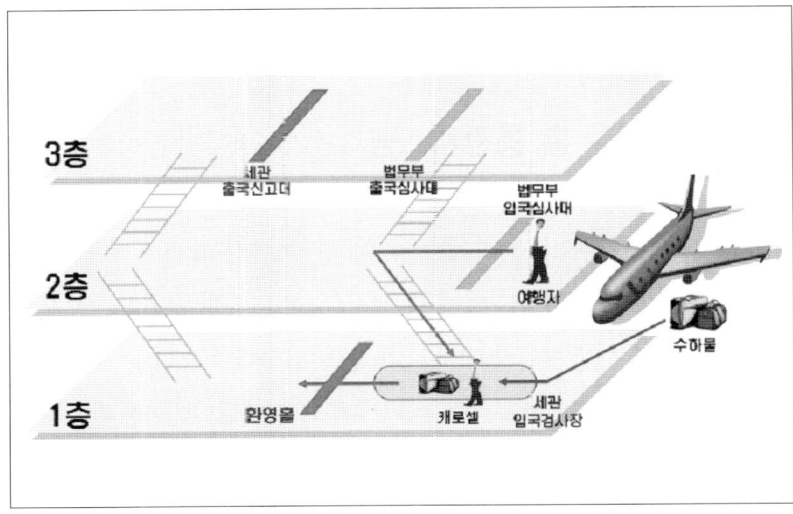

다. 〈그림 10-1〉의 ①은 과거의 모습이다. 재입국절차의 동선이 얼마나 길고 복잡한지를 쉽게 알 수 있다. ②는 지금의 모습이다. 입국자들과 동일하게 동선을 바꾼 결과 재입국절차가 매우 간결해졌음을 알 수 있다.

재입국절차가 바뀌자 과거와 같은 진풍경이 크게 줄어들었다. 공항 직원들과 멱살 잡고 싸우던 사람들의 모습도 사라졌다. 재입국의 불편은 피할 수 없더라도 이들에 대한 배려가 시작되었기 때문이다. 빠른 재입국뿐만 아니라 수하물 수취절차에서도 커다란 성과가 나타났다. 수하물 수취시간이 종전의 6~9시간에서 1시간 이내로 줄어들었다. 업무절차가 간소화되자 재입국 여행객의 편리함은 물론이고 공항 직원들의 업무부담도 현저히 줄어들었다.

••• 사례 2:
국제우편물 홈 통관시스템

국제우편물을 받아보면서 분통을 터뜨려본 사람들이 있을 것이다. 경기도 포천에 사는 M씨는 인터넷으로 구입한 디지털카메라를 찾기 위해 서울까지 갔는데 세금으로 3만 2천 원을 납부하라는 말을 듣고 화가 났다. "아니, 세금 3만 원을 내러 여기까지 와야 합니까? 교통비며 허비한 시간은 누가 보상해주나요?" 또 다른 불만들도 제기되었다. "한 번

방문하면 번거로운 절차가 왜 이렇게 많나요? 좀더 편리한 방법은 없나요?" "통관서비스가 어떠냐고요? 직원들은 많이 친절해진 것 같은데 일 처리방식은 예전과 별반 다르지 않네요."

이런 불만들이 쏟아지는 곳은 서울국제우편세관이다. 이곳은 국제우편물 통관을 담당하는 세관이다. 통관을 위한 세관 방문이 사실상 없어진 다른 세관들과는 달리 개인물품 통관이 대부분인 서울국제우편세관은 고객이 직접 세관을 방문하여 통관을 진행하고 있었다. 이런 불편을 해소하기 위해 1990년대 후반에 세관 방문 없이도 통관이 가능한 원격지 통관제도를 시행했다. 하지만 여전히 많은 사람들이 통관을 위해 직접 세관을 방문하고 있었다.

서울국제우편세관 통관담당자의 하루는 고달프기 그지없다. 직접 찾아와서 세금을 못 내겠다고 항의하는 고객과 실랑이하랴, 쉴새없이 울려대는 전화문의에 응대하랴 정신없이 일하다 보면 이내 파김치가 된다. 방문 고객의 폭언을 견디다 못한 여직원이 근무 중에 울음을 터뜨리는 일도 있었다. 서울국제우편세관의 민원부서는 전국에서 근무환경이 가장 열악한 곳으로 손꼽힌다. 물론 고객은 고객대로 세관에 불만이 많다. 상황이 이러한데도 서울국제우편세관은 문제해결에 적극적으로 나서지 못하고 있었다. 과거의 관행을 답습하고 새로운 변화를 거부하는 구태의연함이 방해물이 되었다.

하지만 과제해결팀이 결성되면서 변화의 조짐이 일기 시작했다. 그들은 국제우편물 통관의 문제점에 대한 근본적인 질문부터 던졌다. 고객 방문이 왜 이렇게 많은 것일까? 2006년 4월, 간이통관을 신청하기 위해 세관을 방문한 고객들에게 방문 이유를 묻는 설문조사를 실시했다. 조사결과, 약 80%에 달하는 사람들이 세관에서 제공하는 통관서비스의 부족 때문에 방문하는 것으로 분석되었다. 이는 이미 시행 중인 원격지 통관제도가 고객의 기대치에 미치지 못하고 있었기 때문이다. 그렇다면 전화문의는 왜 폭주하는 것일까? 2006년 3월에 전화문의를 분석한 결과, 하루 평균 전화문의 건수가 150여 건에 달했다. 그 내용은 관련 규정에 대한 문의, 접수 및 결과 확인 등이 대부분인 것으로 나타났다. 이것은 원격지 통관제도의 시행으로 인해 부수적으로 늘어난 일이었다.

과제해결팀은 문제해결을 위해 크게 세 가지 방향으로 접근했다. 고객 중심의 편리한 우편물 통관제도 운영, 국제우편물의 특성에 맞는 전자통관제도 도입, 직원들의 역량 제고를 위한 학습 프로그램 운영이 그것이다. 과제목표 수준을 정하는 과정에서 팀원들의 다양한 갑론을박이 제기되었다. 관세사 등 통관업무 대리인을 이용하기 어려운 우편물 이용 고객의 특성상 방문은 피할 수 없다는 의견이 많았다. 우편물은 일반 수출입물품과는 다른 물류 흐름을 가지고 있어, 전화문의는 일정 부분 감수할 수밖에 없다는 의견도 있었다. 하지만 목표는 도전적으로 정하기로 했다. 세관 방문 없는 통관비율을 현재의 75.2%에서 90% 이상으로 늘리고, 전화민원 건수를 하루 평균 150건에서 50건 이하로 줄이는 것을 목표로 삼았다.

곧바로 과제해결에 돌입했다. 세관을 방문하는 사람들과 관련기관의 직원 그리고 세관 전 직원의 의견을 청취했다. 이러한 과정을 통해 총

30여 가지에 달하는 다양한 잠재원인들이 발굴되었다. 그중에서 중요도를 감안하여 10가지 원인을 선정했다.

① 인터넷을 활용한 우편물 통관절차가 마련되어 있지 않아 팩스나 이메일 등 수기를 이용할 수밖에 없었다. ② 우편물 통관의 특수성에도 불구하고 통관절차 안내와 세관 홍보를 위한 서울국제우편세관의 독자적인 홈페이지가 없었다. ③ 고객에게 가장 신속한 통관을 보장하는 현장과세의 실적이 기대치를 크게 밑돌았다. ④ 물품도착 사실과 통관 신청방법 등을 안내하는 국제우편물 통관안내서가 고객들이 이해하기 어려운 용어로 쓰여 있었다. ⑤ 팩스나 이메일 등을 이용해 통관을 신청한 고객이 접수 사실을 신속하게 확인하지 못해 전화문의를 하고 있었다. ⑥ 우편물의 보관, 배송 등을 담당하는 국제우체국 홈페이지에 통관대상 우편물에 대한 안내가 전무했다. ⑦ 검역을 세관업무로 오인하는 고객이 많아, 면세 조치된 물품에 대해서도 세관업무 처리를 요구하는 등 불필요한 업무가 발생했다. ⑧ 우편 물류 흐름에 대한 정보를 세관도 알 수 없어 관련 전화문의에 신속하게 대응하지 못했다. ⑨ 고객이 팩스를 이용하여 통관을 신청할 경우 오류가 잦아 반복적인 전화확인이 불가피했다. ⑩ 통화량 증가로 인한 사용회선 부족으로 담당자와 통화가 어렵다는 의견이 많았다.

이러한 원인들 중에 쉽게 해결될 수 있고 예산 소요가 적은 4개 과제는 즉각 시행하기로 했다. ① 원격지 통관 접수 즉시 휴대폰 문자메시지를 이용하여 접수 사실을 고객에게 통보하여 불필요한 전화문의를 줄인다. ② 국제우체국의 우편물류시스템 단말기를 세관창구에 설치하여 관련 전화문의에 신속하게 대처한다. ③ 수신율이 100%에 달하고 서류 분실의 위험이 없는 인터넷 팩스를 도입한다. ④ 고객 수신전용 전화회선을 확보하여 고객의 세관 접근성을 높인다.

하지만 이것은 근본적인 해결책이 되지 못했다. 근본적인 문제를 해결하기 위해서는 국제우편물에 대한 인터넷통관시스템을 구축해야 했는데, 이것은 쉬운 일이 아니었다. 서울국제우편세관은 규모가 작고 전산시스템을 구축한 경험이 없으며 사업 추진을 위한 예산도 없었다. 예산을 확보하기 위해 본청과 서울본부세관에 수차례 협조를 요청했지만 여의치 않았다. 게다가 시스템을 구축하기 위한 기본적인 방안조차 마련하지 못하고 있었다.

궁리 끝에 서울국제우편세관은 과제추진전략을 단기과제와 장기과제로 구분하여 진행하기로 했다. 인터넷통관시스템과 서울국제우편세관 홈페이지 구축은 업무 추진에 전문성을 요하고 시간과 비용이 많이 드는 대규모 과제임을 감안하여 장기적인 관점에서 꾸준하게 추진하기로 했다. 단기과제는 조기에 추진하여 성과를 올림으로써 팀원들의 자신감을 불러일으키도록 했다. 이에 대한 주요 내용은 이러하다.

① 가격 증빙자료가 있는 미화 600달러 이하의 우편물에 대해서는 우선적으로 현장과세를 실시했다. 시행 초기에는 검사 담당직원들이 급격한 업무량 증가 및 민원 발생 우려 등의 이유로 불만을 제기하여 과제 추진에 어려움이 있었다. 하지만 전문강사를 초빙하여 고객 중심의 통관서비스가 왜 중요한지를 이해시켰다. 또 현장과세를 확대하면 업무 효율성이 향상되어 장기적으로 업무부담이 감소한다는 점을 들어 직원

들을 설득했다. 그 결과, 현장과세 비율이 전년대비 200% 가까이 증가하는 성과를 거두었다.

②국제우편물 통관안내서를 고객들이 이해하기 쉽게 보완했다. 기존 통관안내서를 면밀히 검토하여 단순 나열식의 서술방식을 핵심 정리 중심으로 변경했다. 불필요한 내용이나 어려운 용어는 과감히 삭제하고 분량도 대폭 줄여 고객의 편의성을 높였다.

③검역 면세물품의 처리 프로세스를 개선했다. 기존에는 현장에서 검역 면세된 우편물도 일반 통관대상 물품과 동일한 프로세스로 처리했다. 이 과정을 대폭 축소하여 처리시간을 단축했고, 불필요한 전화문의도 줄일 수 있었다.

④국제우체국 홈페이지에서 통관 안내서비스를 제공했다. 국제우체국 홈페이지에 통관대상 우편물에 대한 안내자료를 게시하고 수시로 업데이트 하도록 업구 협조를 요청했다. 처음에는 불필요한 업무를 떠맡게 되었다며 모두들 부정적 반응을 보였다. 하지만 기관장 간담회 및 실무직원 간 업무협의 등을 통해 설득했다. 통관 안내자료의 게시로 세관의 전화문의가 줄어드는 것은 물론 국제우체국 민원실로 걸려오는 전화 건수도 현저하게 감소했으므로, 결과적으로 이 서비스는 모두에게 이익이 됨을 주지시켰다.

문제는 국제우편물 홈 통관시스템의 구축이었다. 아무리 노력해도 문제해결의 기미가 보이지 않자 팀원들 사이에서 부정적인 의견들이 나오기 시작했다. 이 정도 했으면 충분하지 않느냐? 우리 같은 일선세관에서 독자적인 시스템을 구축하는 것은 애당초 무리였다 등. 이러한 상황은 상사에게 보고되었다. 사안의 심각함을 인식한 상사는 스스로 발을 벗고 나섰다. 주관부서인 본청 정보관리과에 이 시스템의 중요성을 설명하고 예산 지원을 유도해냈다. 마침내 관세청 차원에서 진행하는 홈페이지 고도화 사업에 서울국제우편세관의 홈 통관시스템 구축 사업을 포함시키는 데 성공하게 된다.

문제해결을 위한 끈질긴 노력 끝에 마침내 서울국제우편세관의 홈 통관시스템이 완성되었다. 전산시스템의 구축 경험이 전무한 팀원들이 전문가적 식견이 없는 분야를 밤낮없이 공부하며 거둔 성과였다. 새로운 시스템은 인터넷을 통해 간이통관의 신청과 확인이 가능하면서도 게시판을 통해 세관 행정의 홍보, 맞춤형 통관 안내, 고객 의견 수렴 등 세관 홈페이지 기능도 함께 수행할 수 있도록 구성되었다.

홈 통관시스템의 개통으로 모든 것이 끝난 줄 알았다. 하지만 이것은 큰 오산이었다. 홈 통관시스템이 개통된 후로 잦은 시스템 오류가 발생하여 오히려 고객들의 불만이 늘어나기 시작했다. 항의민원이 빗발쳐 민원창구는 다시 아수라장이 되었다. 게다가 새로운 시스템은 통관 신청 기능을 제외하고는 이용할 만한 콘텐츠도 크게 부족하여 이에 대한 대응이 절실했다.

과제해결팀이 다시 뭉쳤다. 과제해결의 8부 능선을 넘은 상태에서 이대로 좌초할 수 없다며 다시 머리를 맞댔다. 중도에서 포기할 뻔한 위기도 몇 차례 있었지만, 결국 문제점을 하나하나 짚어가며 분석한 끝에 세 가지 개선방안을 찾아냈다.

①고객들의 기대에 부응하기 위하여 다양한 기능을 쉽게 활용할 수

있도록 업그레이드된 서비스를 제공하기로 했다. 국제우체국과의 정보교류를 통하여 우편물의 통관절차는 물론 도착부터 배송까지의 전 과정을 조회할 수 있는 기능을 탑재했다. 국제항공우편물 통관을 위한 종합포털사이트로 활용할 수 있도록 다양한 정보를 수록하기로 했다. ②고객이 직접 인터넷상에서 통관 처리과정을 조회할 수 있고, 휴대폰 문자서비스나 이메일을 통해 사전 통지하는 등 우편물 통관서비스를 실시간으로 제공할 수 있는 기능을 추가하기로 했다. ③홈 통관시스템의 서버를 안정화하여 오류 발생률을 최소화했다. 오류 발생 시 신속하게 대처할 수 있는 안전장치도 마련했다. 이렇게 해서 초기의 문제점이 완벽하게 해결된 시스템이 구축되었다. 여기에 적극적인 홍보가 뒤따랐다.

성공적인 홈 통관시스템 구축을 위한 총체적인 노력으로 성과는 크게 향상되었다. 예전에는 하루 평균 150건 이상이던 민원전화 건수가 40건 미만으로 줄어들었다. 2005년 말 이후로 80% 중반 수준에서 정체되고 있던 원격지 통관비율은 92.1%를 넘어서게 되었다.

•••사례 3:
권리사용료 실사방식의 변경

관세는 과세가격에 세율을 곱하여 산출된다. 세율은 법으로 정해져 있으므로 품목분류만 잘하면 문제가 없다. 하지만 과세가격은 납세자가 제시하는 자료에 의해 일차적으로 결정되므로 그 진위에 대한 세관 당국의 심사를 반드시 거쳐야 한다. 예를 들어, 과세가격이 2억 원이고 관세율이 8%인 물품을 수입하면 관세액은 1천600만 원이지만, 납세자가 과세가격을 1억 원으로 신고했다면 관세액은 800만 원이 된다. 800만 원의 세금누락이 발생한 것이다. 의도적으로 과세가격을 낮춰 신고하는 경우도 있지만, 과세가격에 포함되어야 할 요소가 누락됨으로써 발생하는 경우도 종종 있다. 그중 하나가 바로 권리사용료(royalty)다.

권리사용료는 수입신고자가 수입품이 신고대상인지 여부를 판단하기 어렵고 세관 직원 또한 과세논리에 대한 명확한 근거를 제시하기 어려워 누락하기 쉬운 분야다. 참고로 권리사용료는 특허권, 실용신안권, 상표권 등의 지적재산권에 대한 사용료를 의미한다. 물품이 수입되었을 때 물품가격 이외에 수입업자가 수출업자에게 지급하는 비용으로, 수입물품과의 관련성과 거래조건에 따라 관세 징수의 대상이 된다.

지금까지 권리사용료 과세를 위해 사용된 방식은 이렇다. 먼저 권리사용료 심사를 위해 수입업체 중에서 상표권 사용료, 기술도입비 등의 명목으로 해외로 송금된 사실이 있는지를 확인한다. 이를 토대로 송금자의 수입실적을 파악하고 송금한 회사를 방문하여 입증자료를 확보한다.

이런 심사방식은 심각한 문제점이 있었다. 먼저, 심사 담당공무원들은 해외로 송금된 권리사용료가 과세요건을 갖추었는지 여부를 입증하기 위해 관련 자료를 모두 뒤져 과세논리를 세우느라 진땀을 뺀다. 하지만 수입업자가 권리사용료 지불에 대한 회계처리를 어떻게 했는지에 따라 지불 여부가 확인되지 않는 경우가 많다. 그런 경우에는 심사 자체를 착수할 수 없게 된다. 설사 권리사용료 지불 사실을 확인했다고 해도 계약서만으로는 거래조건으로 지급되었는지 여부를 판단하기 어렵다. 또한 권리사용료의 과세요건을 어느 정도 충족했다고 판단되어도 납세자의 저항에 부딪치는 경우가 많다. 과세논리가 완벽하지 못해 납세자를 납득시키지 못하기 때문이다. 이 경우 납세자는 불복청구를 한다.

  기존의 심사방식은 심사대상 업체를 쉽게 선정할 수 있는 장점이 있었다. 하지만 과세대상인지 여부를 판단하기 어렵고, 과세논리가 명확하지 않아 불복청구가 많이 발생하는 단점 또한 있었다. 중요한 것은 명확한 과세논리인데, 이를 확보하기 위해서는 기존의 심사방식에 대한 완전한 재검토가 필요했다.

  그러던 중 심사방법의 일대 전기를 마련해준 심사업무가 광주세관 현장에서 생겼다. 2005년 한 업체가 에틸벤젠 생산공정 도입을 하면서 촉매 등 관련 물품을 수입했다. 이에 대한 대가로 외국의 수출업자에게 권리사용료를 지급했다. 그러나 계약서상에는 공정 도입의 대가로 지급되었다고만 기술되어, 구체적으로 어떤 수입물품과 관련되었는지 알 길이 없었다. 해당업체에서는 공정기술을 도입하는 대가로 권리사용료를 지불했을 뿐 수입품인 촉매는 별도로 대금을 지불하지 않았다고 주장했다. 이를 입증하려면 에틸벤젠 생산기술에 관한 전문지식이 필요했다. 관련된 논문자료를 인터넷에서 찾아 분석한 결과, 특허된 특수촉매를 사용해야 에틸벤젠이 생산된다는 것을 알아냈다. 이로써 권리사용료는 에틸벤젠 생산을 위한 특수촉매를 수입하는 대가로 지불되었다는 관련성을 입증하게 된 것이다. 이와 같은 세관의 명확한 과세논리로 누락된 세금을 징수할 수 있었다.

이 사례를 통해 심사방식에 근본적인 변화가 필요하다는 주장이 제기되었다. 기존의 방식은 송금사실 확인 → 방문조사 → 입증 → 추징 절차를 거쳤다. 그리고 관련성과 거래조건에 대한 입증은 순전히 계약서에만 의존했다. 하지만 광주세관의 이번 사례에서는 다른 방식이 사용되었다. 품목 추출 → 특허 검색 → 송금사실 확인 → 입증 → 방문조사 → 추징의 방식으로 이루어진 것이다. 관련성과 거래조건 입증이 방문조사 이전에 이루어졌다. 이를 위해 특허자료와 논문자료가 활용되었다. 이처럼 조사과정에서 입증자료를 찾는 방식 대신에 입증자료를 확보한 후 방문조사를 할 수 있게 됨으로 무의미한 방문조사를 대폭 줄일 수 있었다. 이러한 방식을 화학산업 분야와 생명과학 분야에도 적용했다. 그리하여 찾아낸 누락된 관세는 2005년 9월부터 2006년 3월까지 불과 7개월 동안 75억 원에 이르렀다.

그러나 이처럼 큰 성과에도 불구하고 개별 품목별로 심사를 실시하는 방식은 일회성 심사에 그칠 수밖에 없었다. 산업 전 분야에 대한 체계적인 자료수집 없이는 지속적으로 시행하기 어려웠다. 또한 새로운 기술이 개발되고 도입될 경우 심사대상으로 포착할 수 없는 문제점도 나타났다.

이 문제를 보완하기 위해 2006년 5월부터 산업의 전 분야에 대한 권리사용료 지급 대상물품의 논문을 수집하기 시작했다. 화학공학, 생명과학, 전기전자공학, 물리재료공학, 환경에너지공학, 기계공학, 기타 분야 등 산업의 전 분야를 7개로 나누어 최신 논문을 검색했다. 이를 통해 국제적으로 특허를 받은 물품 250개를 추출하여 품명과 권리자가 포함된 데이터베이스를 구축했다. 추출된 품목은 특허청 특허검색 웹사이트를 통하여 특허 여부를 확인했다. 또한 물품의 수입업자, 신고번호 등 수입신고 자료를 관세청 데이터베이스에서 추출하여 심사대상 업체를 선정했다. 이들에게 방문심사를 통해 누락되었던 과세를 징수할 수 있게 되었다.

하지만 이 방식도 완벽하지 못했다. 어렵게 구축한 데이터베이스에는 단순히 품명과 권리자만 수록되어 있을 뿐 관련 논문, 특허내용, 심사사례 등 중요한 정보가 빠져 있었다. 심사업무를 맡은 직원 입장에서는 업무에 도움이 되지 않았다. 또한 250개의 데이터베이스만으로는 모든 수입물품에 대한 과세 누락을 방지할 수 없었다. 지속적인 자료 구축과 더불어 모든 정보자료가 서로 유기적으로 연결된 통합 정보자료시스템의 구축이 시급했다. 하지만 통합 정보자료시스템 구축은 과제해결팀 다섯 명의 인원으로는 엄두도 못 낼 만큼 방대한 작업으로, 전사적인 지원과 노력이 필요했다. 이 사실에 대한 조직 차원의 보고와 설득이 이루어졌다. 결국 광주세관 전체가 나서는 프로젝트 사업으로 지정받게 된다.

사업명은 '새로운 세원 발굴을 위한 국제특허조회시스템 구축'이었다. 새로운 시스템 구축을 위해 프로젝트팀이 다시 구성되었다. 심사업무에 밝은 광주세관 소속직원 11명과 재료공학협회, 광주과학기술원, 광산업진흥회, 기계공학협회, GS칼텍스정유, 여천NCC, 의학전문지 〈드럭인포Druginfo〉에 소속된 일곱 명의 외부전문가가 참여했다.

소속 직원 11명에게 7개 산업 분야별로 자료 수집과 분석의 역할을 분담시켰고, 외부전문가와 수시로 연락하며 최신 과학기술 동향자료를 수집했다. 필요할 때는 컨설팅까지 받아가며 기술의 내용을 파악했다. 이외에도 과학기술정보 포털사이트에서 산업 분야별 최신 특허동향 자료와 논문을 직접 수집하는 체제를 갖추었다. 전문가적 식견이 전혀 없는 분야의 논문을 숙독하는 것은 매우 어려운 작업이었다. 생소한 전문용어를 이해하지 못해 인터넷 용어검색의 도움을 받아야만 했다. 일부 논문은 영문으로 표기되어 해석하는 데 많은 시간을 투자하는 등 시행착오를 거치기도 했다. 이렇게 해서 2007년 6월 국제특허조회시스템이 구축되기에 이른다.

국제특허조회시스템이 구축되자 완벽한 과세논리로 권리사용료에 대한 세금추징 실적이 가시화되기 시작했다. 광주세관에서만 연간 약 200억 원의 새로운 국고수입이 늘어나게 되었다. 뿐만 아니라 새로운 심사방식은 불복청구를 현저히 줄이고 복잡한 법 절차에 따른 비용도 대폭 감소시켰다. 광주세관의 경우 2005년부터 2007년까지 불복제기 건수는 전국세관 253건의 1.5%에 해당하는 단 4건에 불과했다. 이 시스템은 업체에게도 이득이 되었다. 새로운 심사방식은 불필요한 방문을 없앴을 뿐만 아니라 방문조사를 할 때도 기간을 대폭 단축시켜 업체의 시간과 노고, 심리적 불안을 최소화했다. 통상 10일이 걸리던 것이 3~4일로 단축되었다.

이제까지 살펴본 세 가지 사례는 조직에서 미시적으로 불안정한 상태가 어떤 것인지를 잘 보여주고 있다. 첫 번째와 두 번째 사례를 다시 음미해보자. 비행기 출항 취소와 국제우편물 통관으로 발생하는 고객의 불편함과 관련 직원들의 고충을 해소하는 과정에서 기존의 방식에 변화를 일으키는 것이 이들 사례의 내용이다. 세 번째 사례에서도 유사한 것을 읽을 수 있다. 우연한 기회로 얻은 심사방식에 관한 아이디어를 다른 곳에도 써보자는 발상의 전환이 변화를 가져왔다. 모두 개인이나 소집단 수준에서의 미시적 변화 노력이 조직 전체의 변화를 이끌어낸 경우다. 이처럼 개인과 부서 수준의 미시적 발상과 변화 행위를 자유롭게 허용하는 상태를 미시적으로 불안정하다고 말한다. 안정되었던 기존의 절차나 방법에 변화를 주면 일시적으로 자신을 비롯해 주변이 불안정해지는 현상을 표현한 말이다.

이들 사례를 잘 관찰하면 대립하는 두 가지 힘을 엿볼 수 있다. 하나는 미시적 불안정성을 일으키는 힘과 미시적 안정성을 유지하려는 힘이다. 미시적 불안정성에 반응하는 힘은 현재 상태를 불만족스럽다고 정의하고 이를 개선하고자 하는 힘이다. 반면 미시적 안정성을 유지하려는 힘은 현재 상태가 만족스럽지 않더라도 오랜 관행과 질서를 유지해야 한다고 생각하는 힘이다. 이는 불안정한 것이 안정한 것만 못하다는 생각에 근거한다.

조직에서 자기창즈 현상이 일어나기 위해서는 미시적 불안정성에 도전하는 힘이 미시적 안정성을 유지하는 힘을 압도해야 한다. 이러한 상태는 저절로 만들어지는 것이 아니다. 제9장에서 살펴본 것처럼, 조직의 집중적이고 지속적인 노력에 의해 만들어진다. 미시적 주체들이 자신과 자신의 주위를 둘러보는 자기객관화, 변화를 위한 발상과 행위를 시도할 수 있는 자유재량 그리고 이러한 것들이 가능하도록 심리적 안정을 주는 조직적인 노력이 따르지 않으면 불가능하다.

   조직적 연결의 중요성도 잊어서는 안 된다. 미시적 불안정성이 조직수준의 현상으로 승화되기 위해서는 미시적 상태의 변화 노력이 중간관리층이나 최고의사결정층에 도달해야 한다. 이것이 수직적 연결이다. 다른 조직이나 부서와의 협력도 중요하다. 이것이 수평적 연결이다. 과제를 해결하면서 다양한 부서와 외부인력과의 교류가 중요하다. 이것이 네크워크적 연결이다. 수직적인 연결과 수평적인 연결 여기에 네트워크적 연결이 결합되지 못하면 변화를 유발하는 행위는 미시적 차원을 넘어서지 못하고 주저앉게 된다. 세 가지 사례 모두 상위계층이나 상위기관과의 수직적 연계, 다른 부서나 기관과의 수평적 연계 그리고 다양한 전문성을 가진 사람들 간의 연계가 문제해결의 원동력이 되었음을 잊어서는 안 된다.

   이쯤에서 이런 질문을 해보자. 미시적 불안정성을 생성하는 조직적 환경을 조성하는 것만으로 미시적 불안정성이 계속 유지될 수 있을까? 이 질문은 미시적 불안정성에 의한 자기창조 행위가 지속되기 위한 조건이 제9장에서 거론한 조치만으로 해결될 수 있는지를 묻고 있다. 사실 제9장에서 다룬 내용은 미시적 불안정성을 생성하는 조건이지 이를 지속하기 위한 조건은 아니다. 그렇다면 어떻게 해야 미시적 불안정성을 지속적으로 유지하고 이를 통해 자기창조를 계속할 수 있을까? 다음 장부터 다루어질 내용이다.

Part 4

지속적인
자기창조

Self Creation **11**

자기창조 반복장치

    미시적 불안정성은 기본적으로 개인이나 부서 수준의 자기창조 현상을 만들어내는 기제다. 미시적 불안정성이 중요하다면 조직 차원에서 이것을 거시적으로 자극하는 메커니즘이 존재해야 한다. 그래야 자기창조 행위가 지속적으로 일어날 수 있다. 이것을 나는 '자기창조 반복장치'라고 부르고자 한다. 지금부터 우리가 다룰 핵심 내용이다.

    어떤 체계를 갖춰야 자기창조가 반복적으로 이루어질까? 스크루지의 예로 다시 돌아가보자. 찰스 디킨스의 소설에 따르면, 스크루지는 세 명의 유령으로 인해 극적인 변화를 맞게 된다. 이 중 세 번째 유령의 역할이 가장 컸다. 이 유령으로 인해 스크루지는 자신의 참혹한 미래를 보았다. 그때 받은 충격이 그를 반성하게 만들고 변화시킨다. 자기창조에서도 이와 유사한 과정이 필요하다. 다른 점이 있다면, 소설에서의 세 번째 유령의 역할을 자기 스스로 해야 한다는 점이다. 제2장에서 이것을 '갭 인식'이라고 한 바 있다. 갭 인식이 있어야 현재의 자신을 냉철하게 바라볼 수 있다. 여기서부터 자기창조 반복의 여정이 시작된다.

••• **자기창조** 메커니즘

갭 인식은 크게 두 종류가 있다. 하나는 기회에 대한 갭 인식이고, 다른 하나는 성과에 대한 갭 인식이다. 기회 갭 인식은 새로운 기회를 포착할 때 생겨난다. 성과 갭 인식은 위기의식과 관련이 있다. 이는 다시 두 가지로 나누어볼 수 있다. 하나는 정상적인 성과에 미달하는 경우다. 기업이라면 제품에 대한 높은 불량률이 여기에 해당한다. 경쟁사를 초월한 불량률이나 고객의 요구 수준에 훨씬 미치지 못하는 품질을 생각하면 된다. 비정상적인 상태가 발생했다고 인식하는 것이 성과 갭 인식이다. 다른 하나는 의도적인 목표와 관련이 있다. 성과 목표를 높게 설정하면 현재 상태와 갭이 발생한다. 이러한 갭을 인식하는 것을 목표 갭 인식이라고 한다. 갭 인식이 클수록 현재의 방식에 대한 회의감과 변화하지 않으면 안 된다는 위급함이 커지게 된다.

갭 인식이 커지면 자신을 돌아보게 된다. 인식된 갭을 줄이기 위해 무엇을 해야 하는지 자기 자신을 돌아보게 된다. 이것이 '자기성찰'이다. 이때 자기창조의 핵심인 개념변경이 일어나면 자기창조의 길은 더

그림 11-1 자기창조 메커니즘

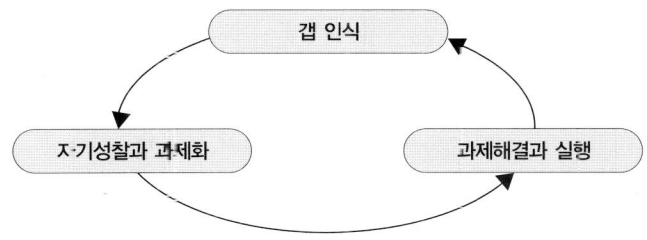

욱 증폭된다. 여기에 기초하여 변화과제가 모색되고 실행되면 자기창조가 이루어지게 된다. 이러한 순환이 자기창조 행위를 자극하고 지속하는 핵심 메커니즘이다. 〈그림 11-1〉은 이 과정을 보여주고 있다.

〈그림 11-1〉과 같은 순환이 일상화된 것을 '메타 루틴'[26]이라고 한다. 이는 일상적인 일들(루틴)을 객관적인 관점에서 관찰하고 수정하는 상위 루틴을 말한다. 공자가 말한 일일삼성(一日三省)이 여기에 해당한다. 일일삼성은 하루에 세 번 자기 자신을 돌아본다는 의미로, 자신의 일상적 루틴을 관찰하고 반성하여 자기 행동을 수정하는 루틴을 말한다. 미래에 대한 도전적 목표를 설정하고 이를 달성하기 위해 자신을 돌아보는 루틴이 있다면 이것도 메타 루틴이다. 자신에 대한 반성을 통해서든, 목표에 의해서든 자신을 지속적으로 성찰하여 수정하는 반복적 일상이 존재한다면 이것들을 메타 루틴이라고 한다.

문제는 이것을 조직 차원에서 어떻게 체계화시킬 것인가이다. 메타

---

[26] Adler, P., Goldoftas, B. and Levine, D. (1999), "Flexibility versus Efficiency? A Case Study of Model Changeovers in the Toyota Production System", *Organization Science*, 10, 43~68.

루틴이 조직 차원에서 체계화되어야 반복적인 자기창조를 위한 거시적 자극 기제가 생성될 수 있기 때문이다. 관세청이 이에 대한 좋은 답을 가지고 있다.

••• 자기창조 반복장치의 구체화

관세청의 메타 루틴은 성과 갭 인식을 중심으로 구조화되어 있다. 여기에는 두 가지 방식이 있다. 하나는 정상적인 성과에 미달한 경우를 인식하는 것이고, 다른 하나는 전략적으로 설정한 목표에 도달하기 위해 의도적으로 만들어진 것이다. 전자에 해당하는 메타 루틴은 CRM(Customer Relation Management)에서 시작된다. 일반 기업에 널리 보급되어 있는 고객관계관리를 말한다. CRM은 콜센터나 고객을 대상으로 한 캠페인 등을 통해 수집한 고객정보를 활용하여 가치 있는 고객을 찾아내고, 이들의 구매욕구에 부합하는 제품이나 서비스를 개발하여 기업가치를 극대화 하자는 의도가 담겨 있다. 하지만 관세청은 CRM을 일일삼성의 관점에서 활용한다. 자기창조의 시발점인 갭 인식의 도구로 CRM을 사용한다. 〈그림 11-2〉는 관세청이 구축한 CRM 개념과 일반 기업에서 사용되고 있는 CRM 개념 간의 차이를 보여주고 있다.

관세청의 CRM 개념을 좀더 자세히 살펴보자. 관세청 CRM에는 기본

그림 11-2 관세청과 일반 기업의 CRM 개념 차이

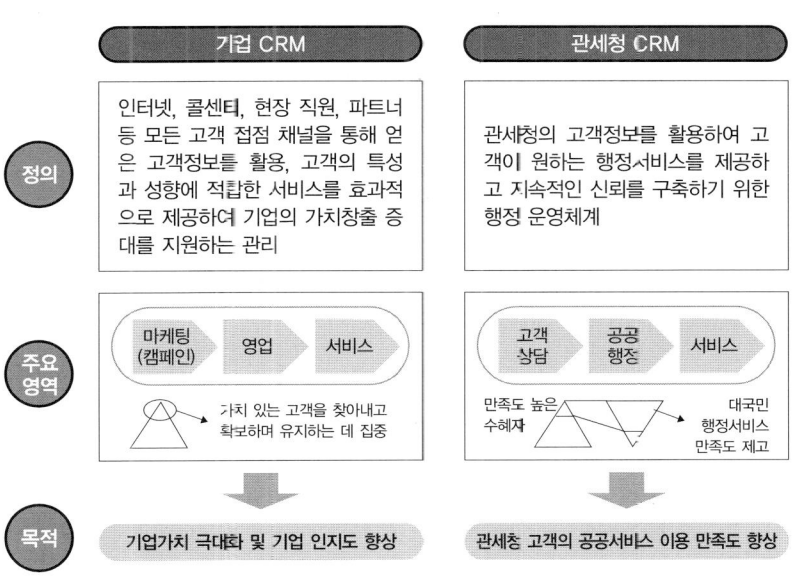

적으로 관세업무에 대한 상담과 안내 그리고 갖춤형 정보를 제공하는 기능이 포함되어 있다. 관세업무를 담당하는 사람이라면 누구나 CRM에 접속하면 이러한 서비스를 받을 수 있다. 하지만 정말 중요한 것은 따로 있다. 고객의 불만족스러운 목소리를 청취하고 관세청 자신을 변화시키는 데 CRM이 사용된다는 것이다.

이것은 두 가지 측면으로 활용될 수 있다. 하나는 관세청이 미처 제공하지 못하고 있는 서비스 영역을 발굴하여 이를 제공하기 위한 프로세스를 구축하는 데 활용된다. 다른 하나는 기존 프로세스를 개선하는 데 활용된다. 자기 자신을 성찰하고 변화시키는 활동이 이 시스템에서

11. 자기창조 반복장치 179

그림 11-3 관세청 CRM의 핵심 기능

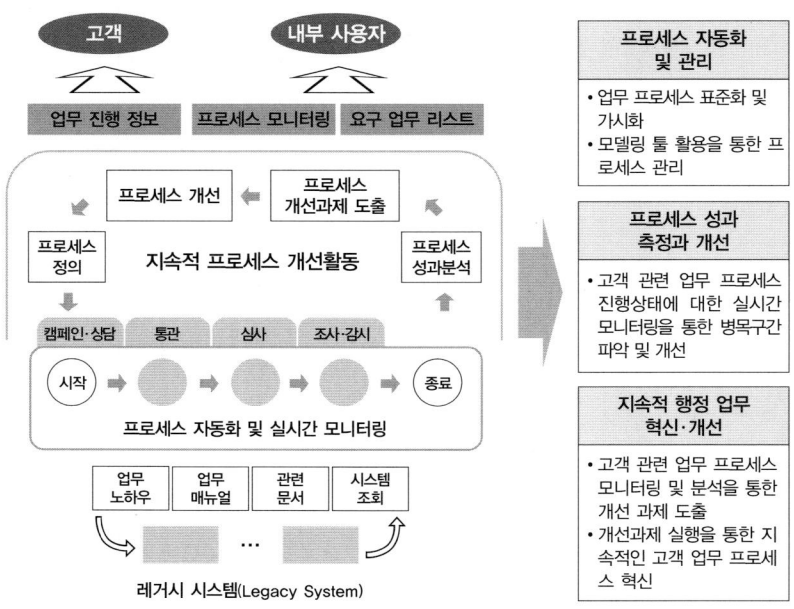

시작되는 셈이다(〈그림 11-3〉 참조). 물론 CRM은 시스템으로 구축된 부분만을 일컫는 말이 아니다. 넓은 의미에서 전화나 팩스 등으로 들어오는 불만들도 CRM 차원에서 처리되고 있다.

관세청에서 CRM의 역할을 잘 알 수 있는 사례가 있다. 이사화물통관과 관련된 사례다. 외교관, 유학생, 기업의 해외주재원, 외국인 등 매년 3만여 가구가 해외에서 살다가 국내로 이사하고 있다. 관세청은 해외이사화물통관의 편의를 위해 이사화물 검사비율 축소, 관세청 홈페이지를 통해 이사화물통관을 예약하는 시스템 구축, 당일 이삿짐 정리를 마칠 수 있도록 오전 8시부터 근무하는 탄력근무제 실시 등의 노력을 지속적으로 해왔다. 그럼에도 이사화물운송업체나 이사를 하는 국민들의 불만은 줄어들지 않았다.

이사화물 중에서도 특히 자동차통관에 대한 불만이 가장 컸다. "세금을 내기 위해 은행에 갔다 오는 것이 번거로워요.", "자동차통관이 너무 오려 걸려요.", "통관 후에 자동차 등록절차를 알려주세요." 등의 불만이 있었다. 개중에는 이런 불만도 있었다. 이사화물자동차는 통관이 끝나고 출고한 후 도로 주행을 하려면 임시번호판을 교부받아야 한다. 자동차 임시번호판의 교부업무는 각 구청에서 담당하고 있으므로, 자동차를 출고하려면 세관과 구청을 왕복해야 한다. 이런 불편을 덜어주기 위해 세관은 각 구청을 대신하여 자동차 임시번호판을 교부해주었다. 그러자 외국인이나 외국 시민권자 또는 영주권자에게도 이러한 혜택을 달라는 요구가 들어왔다. 인천세관은 고객들의 이러한 불만들에 다시 관심을 갖기 시작했다. 이사화물자동차 통관서비스 전반에 대한 새로운 갭 인식이 이루어진 것이다.

CRM을 통해 확인된 문제는 곧바로 과제화된다. 이것은 매우 큰 의미가 있다. 문제를 해결해야 할 과제로 인식한다는 것은 다른 말로 자기성찰이 일어나고 있음을 의미한다. 내가 문제의 원인을 제공하고 있다는 인식이나 내가 나서서 해결하지 않으면 안 된다는 인식이 없다면 문제는 결코 과제화될 수 없다. 문제가 있어도 나와 무관하다고 생각하면 내 문제가 아니기 때문이다.

이사화물자동차 사례에서도 이와 유사한 일이 일어났다. 이런 문제를 왜 세관에서 해결해야 하느냐는 반대의 목소리가 내부에서 나오기 시작한 것이다. 그도 그럴 것이, 이사화물자동차통관에 대한 불만은 세관만으로 해결할 수 있는 문제가 아니었다. 이 문제를 해결하려면 은행, 구청, 교통안전공단, 이사화물운송업체 등 관련기관의 협조가 필요했다. 또한 이사화물통관물동량은 갈수록 폭주하고 있는데 통관 소요시간을 어떻게 대폭 단축할 수 있느냐는 내부 불만도 터져 나왔다. 이런 내부 불만의 근저에는 문제를 완전히 해결하려면 한두 가지의 변경이 아닌 체계 전반을 개선해야 하는데, 이는 자신들의 한계를 넘어선다는 인식이 깔려 있었다.

하지만 일단 과제로 채택되고 과제해결을 위해 학습동아리가 결성되면서 생각의 전환이 일어나기 시작했다. 세관은 관세징수 기관인 동시에 국민에게 통관서비스를 제공하는 서비스 기관으로 사고를 넓혔다. 세관을 찾는 고객의 편의를 위해서는 세관의 일이 아니라도 서비스 영역을 확대해야 한다고 생각하게 된 것이다. 생각의 전환은 다른 곳에서도 이루어졌다. 고객의 불만을 확실하게 줄이기 위해서는 한두 가지의 변경이 아닌 전반적인 체계의 개선이 이루어져야 한다는 토털(total)적 사고도 작용했다.

이런 생각에서 출발한 학습동아리는 과제해결에 치열하게 몰두했다. 이사화물자동차에 대한 토털서비스는 그렇게 해서 탄생되었다. 은행의 왕래가 필요 없는 인터넷뱅킹 관세수납시스템 구축, 세금납부 소요시간 단축, 자동차통관(접수-결제) 소요시간 단축(2시간→1시간), 국내 차량등록 절차에 대한 원스톱 서비스 제공, 외국인 등에게도 자동차 임시번호판

그림 11-4 CRM에 의한 갭 인식과 과제화 과정

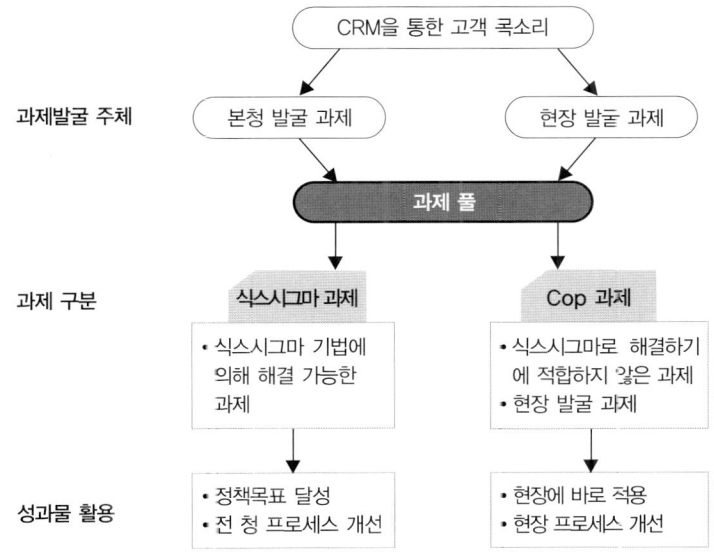

교부 등, 불만의 대상이 되었던 모든 문제를 동시에 완벽하게 개선했다.

CRM을 통한 갭 인식이 이루어지면 〈그림 11-4〉와 같은 과정을 거쳐 과제가 만들어진다. CRM에 의해 포착된 불만은 본청 발굴과제나 현장 발굴과제의 형태로 과제화된다. 이들 과제는 과제 풀에 등록되어 식스시그마 과제 또는 학습동아리(CoP) 과제로 분류된다. 식스시그마 과제는 식스시그마 기법을 활용할 수 있으며 비교적 규모가 큰 과제를 말한다. 이에 반해 학습동아리 과제는 굳이 식스시그마 기법을 활용할 필요가 없거나 현장에서 문제해결이 가능한 과제를 말한다.

CRM을 통한 갭 인식 이외에도 관세청에는 전략목표에 따른 갭 인식

그림 11-5 전략과정에 따른 갭 인식과 과제실행

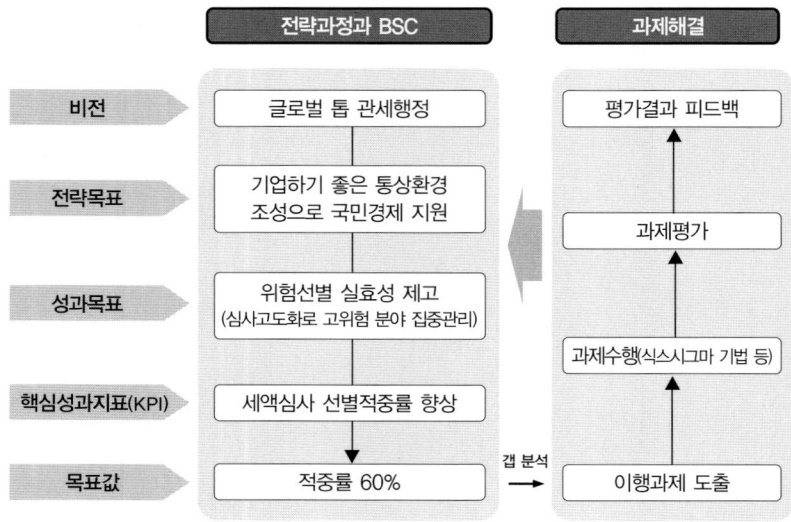

에서 출발하는 메타 루틴도 작동하고 있다. 전략목표는 현재의 목표보다 높게 설정되는 것이 일반적이다. 따라서 현재와 실현해야 할 미래 사이에 갭이 존재하게 되는데, 이로 인한 자기성찰과 과제 도출이 전략목표에 따른 갭 인식이다. 〈그림 11-5〉는 이에 대한 예시를 소개하고 있다.

〈그림 11-5〉에 따르면, 관세청의 비전은 '글로벌 톱 관세행정'이다. 여기에는 전 세계 어느 나라의 관세청과 비교해도 뒤처지지 않는 최고 수준의 관세행정을 펼치겠다는 의지가 담겨 있다. 이에 근거하여 설정된 전략목표가 '기업하기 좋은 통상환경 조성으로 국민경제 지원'이다. 관세를 징수하기 위해서는 해당 기업에 대한 심사가 불가피하다.

하지만 기업을 심사한다는 것은 그 회사가 관세를 탈루하고 있을지도 모른다는 의구심에서 출발한다. 만일 관세탈루와 관련해 아무런 혐의가 없는 기업이 이런 조사를 받는다면 매우 불쾌할 것이다. 따라서 핵심적인 고위험 분야에 집중하여 가능하면 불필요한 심사를 줄이고 동시에 관세징수는 극대화 하자는 것이 전략목표의 핵심이다. 이를 위해서는 심사고도화가 필요하다.

이것을 달성하려면 심사적중률을 최대로 끌어올려야 한다. 세금탈루가 의심되어 심사를 결정했다면 그 적중률을 최대한 높여야 기업의 불만을 줄일 수 있기 때문이다. 그래서 목표를 적중률 60% 수준으로 끌어올리는 것으로 설정했다면 이것이 달성해야 될 목표값이 된다. 물론 현실은 적중률 60% 미만이다. 이 갭에 반응하는 것이 전략목표에 의한 갭 인식이다. 갭 인식이 되면 당연히 과제가 만들어진다. 이때 적중률 60%는 과제도출의 성찰적 기준이 된다. 이런 과제의 체계적 도출을 위해 관세청은 균형성과표(Balanced Score Card ; BSC) 방식을 활용하고 있다.

요약해보자. 관세청의 갭 인식에 의한 과제도출은 두 가지 방식으로 이루어진다. CRM, 즉 고객의 목소리를 직접 듣는 것과 전략적 목표 설정을 통한 방식이다. 이 중 후자는 BSC와 연계되어 있다. BSC는 전략적 목표를 체계적으로 관리하는 도구다. BSC상에 전략적 목표가 구체화되면 여기에 도달하기 위한 행위가 요구되어지는데 이것이 과제다. 전략적 목표는 추후 해당부서나 개인의 평가지표로도 활용된다. 이 점에 관하여는 뒤에서 자세히 설명할 예정이다. 일단 과제로 등록되면 곧바로 과제해결과 실행에 들어가게 된다. 앞에서도 설명한 바와 같이, 과제해결에는 식스시그마 전문가그룹이나 일반 직원이 참여하는 학습동아리가 활용된다.

여기서 식스시그마에 대해 보충 설명을 하기로 한다. 관세청이 식스시그마 기법에 눈을 뜨게 된 계기가 있었다. 수입화물의 통관시간을 단축하는 활동을 하면서 이제까지 그들이 보지 못했던 새로운 시각을 갖게 된 것이다. 관세청은 수입화물 처리시간을 기존의 9.6일에서 2005년에는 4.5일로 획기적으로 단축시킨 경험이 있다. 그럼에도 기업들의 불만은 크게 줄어들지 않았다. 문제는 기업들 간의 편차에 있었다. 관세청이 단축시킨 4.5일은 평균치로 모든 기업이 4.5일의 혜택을 받는 것은 아니었다. 관세청이 심혈을 기울여 통관시간을 줄이려고 노력했지만 기업에 따라서는 그 편차가 너무 컸던 것이다.

〈그림 11-6〉을 보자. 수입화물의 평균 통관시간은 4.5일이지만 어떤 기업은 4.5일보다 훨씬 적은 1.5일에도 끝난다. 하지만 또 어떤 기업은 아직도 8일이 걸린다. 이런 기업에서는 만족도가 떨어지는 것이 당연했다. 이 문제를 해결하기 위해 고심한 결과 식스시그마 기법을 알게 된다. 식스시그마 기법을 통해 관세청은 수입화물 통관시간의 편차를 관리하는 데 주력했다. 그 결과가 〈그림 11-7〉에 소개되어 있다. 이전에는 통관시간의 편차가 심했지만 이제는 평균 통관시간 4.5일에, 기업별 편차는 0.5일 수준으로 줄어들었다. 이러한 경험을 하면서 관세청은 식스시그마 기법의 유용성을 깨달았다. 이후 전 조직에 걸쳐 식스시그마 기법을 보급하고 과제해결의 기본 도구로 활용하게 된다.

지금까지 설명한 내용이 〈그림 11-8〉에 요약되어 있다. 그림의 순환

그림 11-6 기존 문제해결 방식의 문제점

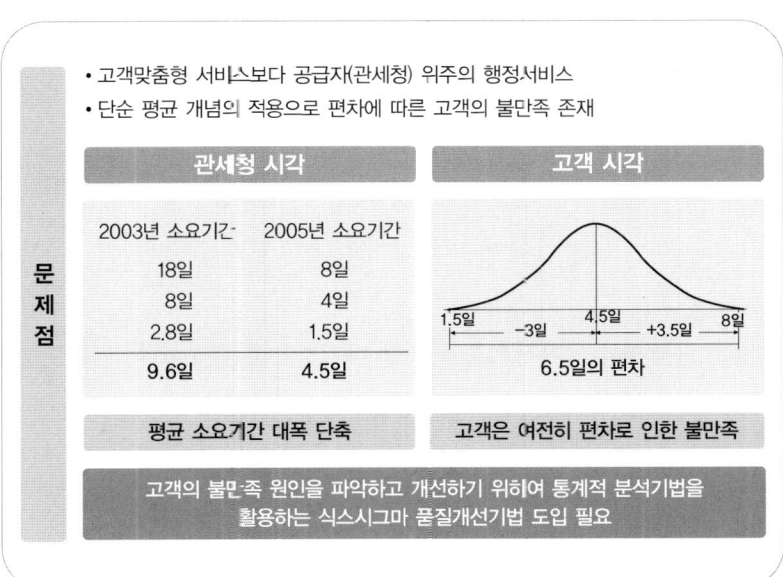

그림 11-7 식스시그마 활용 이후의 개선효과

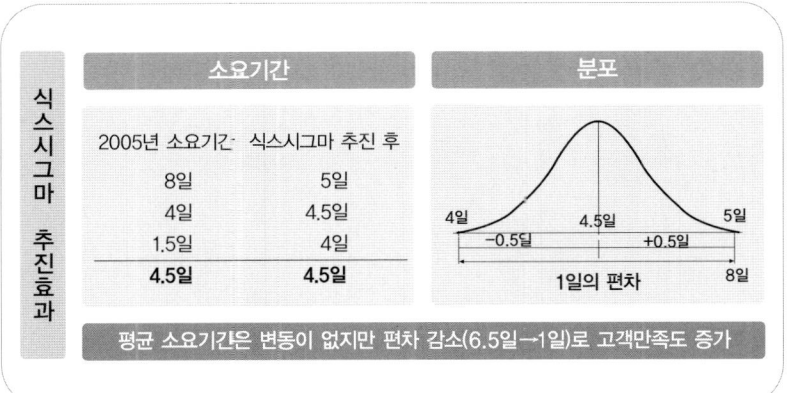

그림 11-8 관세청의 자기창조 반복장치

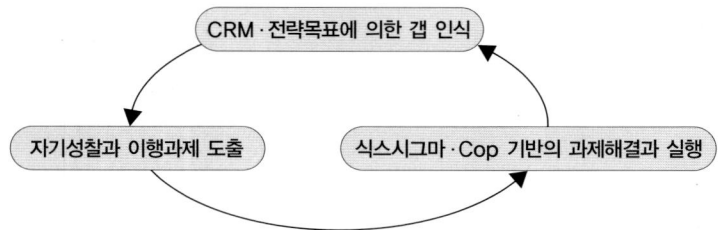

과정은 관세청이 독자적으로 구축한 자기창조 반복장치다. 이는 관세청이 자기창조 행위를 지속적으로 이루어낼 수 있는 체제를 구축했음을 의미한다.

Self Creation 12
확장된 자기창조 반복장치

••• 확장된 **자기창조 반복장치**의 모습

우리는 제11장에서 자기창조 반복장치에 대해 살펴보았다. 그런데 이런 의문이 생길 수 있다. 자기창조 행위를 지속하는 것이 현실적으로 정말 가능할까? 〈그림 11-1〉이나 〈그림 11-8〉의 순환을 조직 내에 구축하면 자기창조가 저절로 되는 것일까? 이에 대한 대답은 다소 부정적이다. 제도가 구축되었다고 해서 그대로 움직이는 것은 아니다. 만일 자기창조 행위가 구성원들을 부담스럽게 만든다면 그 지속성은 담보될 수 없다. 그 이유는 대략 세 가지다.

첫 번째 이유는 구성원들의 몰입과 관련이 있다. 자기창조 행위의 필요성에 대한 인식이 약해지면 구성원들의 몰입 정도는 떨어진다. 밤잠을 줄이며 과제를 해결하고 서비스 품질을 높여도 자신에게 돌아오는 것이 많지 않다는 인식이 쌓이면, 구성원들에게 자기창조 행위는 아무 의미 없는 것이 되어 자연스럽게 몰입이 떨어진다. 두 번째 이유는 평가에 있다. 자기창조 행위에 대한 정당한 평가가 이루어지지 않는다면 이것을 계속할 이유가 없다. 또 다른 이유로는 자기창조 행위 자체의 피로감을 들 수 있다. 자기창조는 미시적 불안정성을 기반으로 하는 현상이다. 그만큼 구성원들을 지치게 만들 수 있다. 일상적인 업무를 수행하는 것도 쉽지 않은데 변화 발상을 하고 변화과제를 해결하기 위한 강도 높은 노력이 필요해지면 구성원들은 지치게 마련이다.

이러한 사실은 앞 장에서 설명한 자기창조 반복장치에 보완이 필요함을 의미한다. 자기창조는 제도로 이루어지는 것이 아니라 사람이 만드는 것이기 때문이다. 이를 보완하기 위한 장치가 필요하다. 가장 먼저 자기창조 행위에 대한 강력한 동기유발 체계 구축을 들 수 있다. 자기창조 행위가 구성원들이 얻고자 하는 것과 직접적인 연계가 있어야

그림 12-1 확장된 자기창조 반복장치

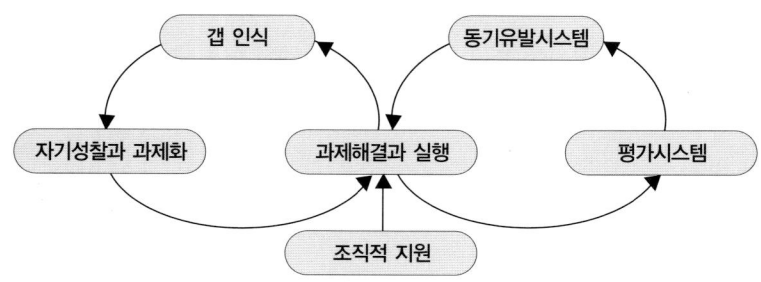

한다. 두 번째는 공정한 평가체계를 구축하는 일이다. 자신이 한 행위에 대한 정당한 평가와 이에 따른 처우가 개선되지 않으면 구성원들의 불만이 증가하게 된다. 세 번째는 그럼에도 어쩔 수 없이 발생하는 피로감에 대한 적극적인 관리체계를 구축하는 것이다. 이를 통해 구성원들이 배려받고 있음을 알려주어야 한다. 이와 같은 보완장치가 마련되어 있을 때 비로소 자기창조 반복장치는 의미를 갖는다. 이렇게 보완된 자기창조 반복장치가 확장된 자기창조 반복장치다. 〈그림 12-1〉이 이에 대한 모습을 보여준다.

••• 동기유발시스템

다시 관세청으로 돌아가보자. 관세청에서 놀라운 일은 확장된 자기창조 반복장치 역시 빈틈없이 구축되어 작동되고 있다는 사실이다. 먼저, 관세청의 자기창조 행위에 대한 동기유발 시스템을 살펴보자. 핵심은 자기창조 행위와 인재육성시스템의 연계에 있다. 개인의 성장은 자신의 행위에 대한 강력한 동기유발 요인이 된다. 직장인들의 동기유발은 금전적 처우에만 머무르지 않는다. 그보다 훨씬 중요한 것이 자신의 성장이다. 관세청은 자신의 성장에 대한 동기를 자기창조 활동과 연계시키는 시스템을 구축했다.

관세청의 인재육성시스템을 좀더 자세히 살펴보자. 인재육성시스템은 관세청의 통합인적자원관리시스템의 하부 시스템이다. 이 시스템은 세 가지 요소로 구성되어 있다. 하나는 관세청 전 직원에 대한 경력개발 시스템이다. 전 직원을 경력단계에 따라 탐색·개발·완성·활용 단계로 구분 관리하고 탐색단계 이후부터는 관세청의 주요 업무인 감정·심사·조사 업무 중 한 분야를 전문 분야로 지정하여 구성원들의 역량을 개발하는 시스템이다. 두 번째는 경력 4년 차 이상의 구성원을 4개의 그룹으로 분류하여 관리하는 시스템이다. 전문역량의 수준을 등급화 하는 시스템으로 생각하면 된다. 이것을 '전문요원제도'라고 부른다. 마지막이 핵심인재관리시스템이다. 전문요원 등급에서 상위 2개 등급(선임전문관, 전문관)에 해당하는 구성원들과 변화과제해결활동에서 역량을 발휘한 인재(관세청이 도입한 식스시그마 활동의 BB급 이상 인재와 추천인재)를 잠재적 핵심인재군으로 구성하고, 이들을 평가하여 핵심인재로 지정하는 시스템이다〈〈그림 12-2〉 참조〉.

핵심인재로 지정되면 개인은 명예를 얻는 것뿐만 아니라 그만큼 빠른 성장을 보장받게 된다. 〈그림 12-2〉는 핵심인재가 되는 두 가지 길을 보여주고 있다. 하나는 경력개발을 활용하는 방법이고, 다른 하나는 변화과제해결활동을 활용하는 방법이다. 전자는 적어도 상위의 2개 등급에 속해야 하는 조건을 만족해야 한다. 하지만 여기까지 이르는 시간이 만만치 않다. 이에 비하여 후자는 경력이 5년 이상인 전문요원이라면 경력개발 기간과 무관하게 선정될 수 있다. 이는 구성원들에게 매우 큰 의미가 있다. 개인의 성장을 위한 지름길이기 때문이다. 또한 자기창조 활동에 구성원들이 몰입하게 되는 강력한 이유가 된다.

그림 12-2 관세청의 인재육성시스템

① 인재육성시스템의 주요 구성요소

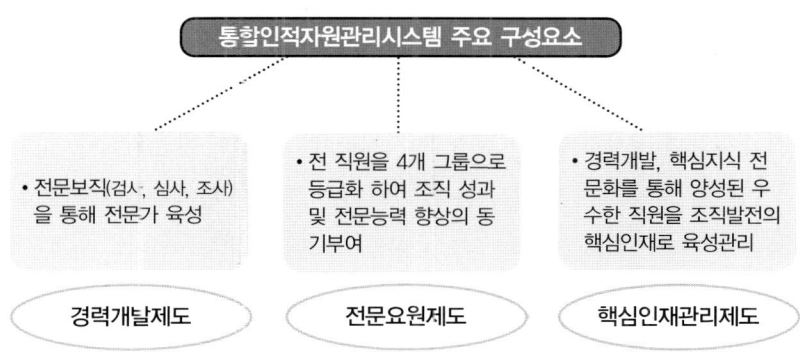

② 주요 구성요소 간의 단계

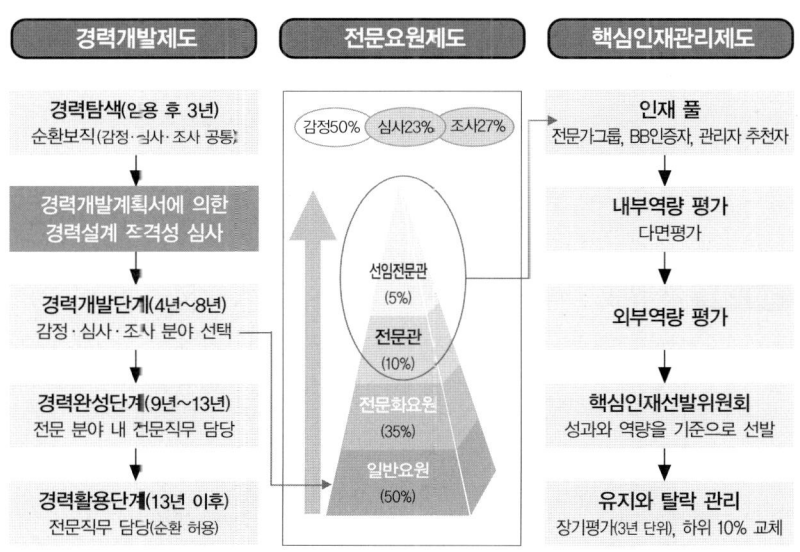

12. 확장된 자기창조 반복장치

••• 평가시스템

공정한 평가시스템의 구축도 이루어졌다. 〈그림 12-3〉에는 과제발굴부터 성과평가에 이르는 과정이 설명되어 있다. 전략과제와 고객요구에 의한 과제가 과제 풀에 등록되어 해결되고 나면 개인 및 기관에 대한 평가가 이루어진다. 여기에는 BSC 방식이 활용되었다.

〈표 12-1〉은 BSC 방식을 통해 개인 수준에서의 평가가 구체적으로 어떻게 이루어지는지를 보여주고 있다. 홍길동이라는 사람은 여섯 가지 지표를 중심으로 평가를 받는다. 이 중에서 건별 세액심사 징수실적, 건별 세액심사 선별적중률, 세액심사 정확도, 그리고 체납정리 실적달성도 등 네 가지는 자신의 고유 업무에 관한 것이다. 공통지표인 혁신마일리지가 자기창조 행위와 관련 있다(마일리지에 대하여는 제6장에서 다룬 바 있다).

마일리지의 점수체계는 0.01점에서 최대 10점까지 받을 수 있다. 이 중 점수가 높은 것들이 주로 자기창조 행위와 관련되어 있다. 가령, 비공식조직 우수연구, 즉 학습동아리 활동에 따른 우수연구로 평가받으

그림 12-3 과제발굴, 과제해결 및 성과평가 과정

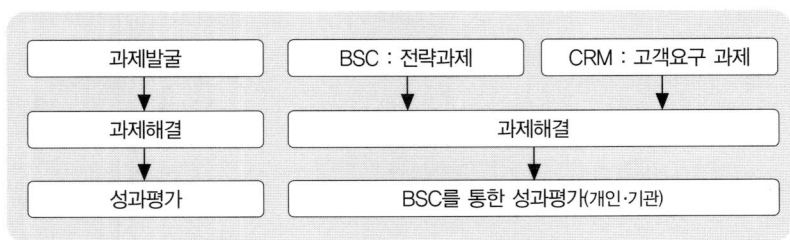

표 12-1 성과평가 예시(개인 수준)

구분	핵심성과지표(KPI)	가중치(%)	목표	실적	달성도(%)	등급	점수
건별심사	건별 세액심사 징수실적	40	10억 원	11억 원	110	S	100
건별심사	건별 세액심사 선별적중률	20	48%	46%	96	A	87.5
건별심사	세액심사 정확도 (불복 저지율)	15	20%	33%	35	D	50
체납	체납정리 실적달성도	5	5억 원	4.8억 원	96	A	87.5
공통	혁신 마일리지	10	50	50	100	S	100
공통	학습계좌 독코달성도	10	100	90	90	B	75
점수환산	Σ(점수×가중치)	100					86.8

주 1 : 납세심사과 '건별심사 및 체납담당자' 홍길동 평가 예
주 2 : 홍길동 BSC 성과평가 점수 : 86.3 × 70%(개인평가 반영비율) + 93(소속과 평가점수)×30%(조직평가 반영률) = 88.7점

면 최대 3점을 받을 수 있다. 업무혁신 TF팀에 참여하면 2점을 받을 수 있다. 고도의 혁신사례를 발표하면 최대 10점까지 받을 수 있다. 혁신사례발표대회에서 수상을 하면 최대 10점이 주어진다. 이런 점수들의 비중이 결코 적지 않다.

〈표 12-1〉에서 혁신 마일리지가 차지하는 비중은 10%에 불과하지만 실질적인 역할은 10%를 훨씬 넘을 수 있다. 일반적으로 자신의 고유 업무에 의한 개인 간의 점수 차이는 그다지 크지 않다. 모두 열심히 하기 때문이다. 따라서 이들은 점수로서의 비중은 높지만 승진 등에 결정적인 영향을 주지 못할 수도 있다. 하지만 혁신 마일리지는 다르다. 이런 활동에 참여하는 것은 별도의 노력을 요하기 때문에 개인 간의 평가차이가 날 가능성이 높다. 다라서 승진 등에 결정적인 역할을 하는 경우도

적지 않다. BSC와 이에 기초한 평가에 대해서는 뒤에서 보다 자세히 설명하기로 한다.

●●● 조직적 지원

조직적 지원을 해주는 일에도 관세청은 집중적인 노력을 기울였다. 구성원의 입장에서 볼 때 자기창조 활동은 순기능만 존재하지 않는다. 아무리 강력한 동기유발시스템이 구축되었다고 해도 자기창조 활동은 매우 피곤한 일이다. 기능적으로 주어지는 일 이외에 부가적인 일을 해야 하고, 때로는 퇴근도 불사하고 일에 몰두해야 한다. 그래서 구성원 입장에서는 피로감이 몰려온다. 자기창조 활동이 지속적으로 이루어지기 위해서는 이러한 피로감을 적정 수준으로 완화시켜야 한다.

관세청은 피로감을 완화시키기 위해 먼저 구성원들의 피로도를 점검하고 해소하는 체계를 구축했다. 피로 수준을 파악하고 직접적 또는 간접적으로 피로를 해소하는 시스템이다(〈그림 12-4〉 참조). 피로도는 상시적 방법과 비상시적 방법으로 측정된다. 상시적 방법으로는 설문조사와 같은 도구를 활용했다. 비상시적으로는 청장과의 핫라인이나 부서장의 멘토링 또는 주간이나 월간의 점검회의를 통해 피로도를 감지하는 방법을 사용했다. 이렇게 감지된 피로도는 두 가지 방식으로 해소

그림 12-4 피로감 해소시스템

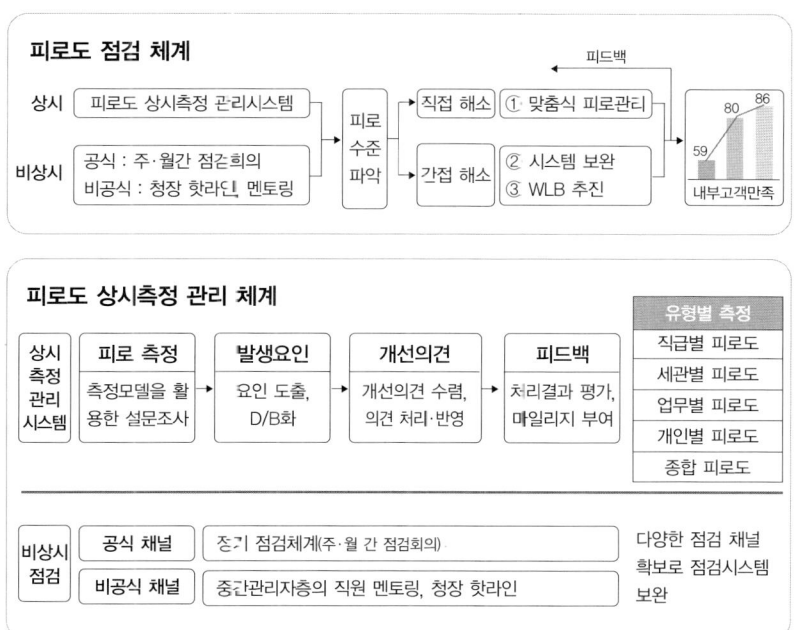

했다. 하나는 직접적인 방식으로, 피로를 유발하는 원인 자체를 제거하는 것이다. 문제에 봉착한 구성원들을 직접적으로 돕는 것 등이 여기에 해당한다. 다른 하나는 간접적인 방식으로, 업무 수행 환경을 개선하는 방식을 사용했다.

관세청만의 독특한 피로감 해소방법 한 가지를 소개한다. 일과 생활의 균형(Work-Life Balance ; WLB)에 대한 프로그램이다. 〈그림 12-4〉에 의하면, 간접적인 해소방법으로, 한마디로 말하면 일할 맛 나는 직장을 구현하자는 것이다. 자기창조 활동에 따른 긴장감과 스트레스는 불가

표 12-2 일과 생활의 균형 프로그램

프로그램명	세부 사항
1. 행복하게 일하는 엄마 프로그램	• 출산장려 문화 조성 및 지원 • 육아에 대한 조직 차원의 관심과 지원 확대 • 마음 편히 떠나는 출산휴가, 육아휴직
2. 시간 활용 효율화 프로그램	• 탄력근무제 활성화 • 연가 사용 문화 개선 • 집중 근무환경 조성 • 온라인 원격근무(재택근무) 도입 추진
3. 직원 신상 지원 프로그램	• 고충처리 체계의 개선 • 외부 전문기관과 연계된 해피-카운셀 운영
4. 웰빙 네트워크 프로그램	• 여가에 대한 인식 개선 • 함께 열어가는 웰빙 네트워크
5. 건강한 직원 만들기 프로그램	• 직원 건강에 대한 지원 강화 • 동호회 활동 지원 강화
6. 가족사랑 프로그램	• 감동이 넘치는 가족 배려 조직 운영 • 행복을 함께하는 가족 참여 행사 실시 • 가족 교류 및 소통 공간 확충
7. 행복한 일터 만들기 프로그램	• 효율적 근무환경 구축 사업의 지속적 추진 • 일하는 방식의 지속적 개선
8. 개인 성장 지원 프로그램	• 승진 및 인사에 대한 만족도 제고 • 교육 및 성장 기회의 체계적 지원
9. WLB 의사소통 프로그램	• 커뮤니케이션 스킬 강화 • 직장 내 커뮤니케이션 기능 강화
10. 신규직원 배려 프로그램	• 신규직원들에 대한 배려
11. 장기근무자 배려 프로그램	• 장기근무자 재충전 기회 마련 • 명예 부여를 통한 장기근무자 배려
12. 퇴직자 지원 프로그램	• 퇴직예정자의 경력관리 및 사회 적응훈련 실시 • 감동적 퇴임행사를 통한 아름다운 퇴직문화 조성 • 퇴임 후 관세행정 공동체 참여 지원
13. 생활공동체 프로그램	• 생활공동체 Customs Town 조성
14. WLB 자동장치 프로그램	• 함께 만들어가는 WLB 포털 구축 및 운영 • WLB 수준에 대한 지속적인 관리

그림 12-5 관세청의 확장된 자기창조 반복장치

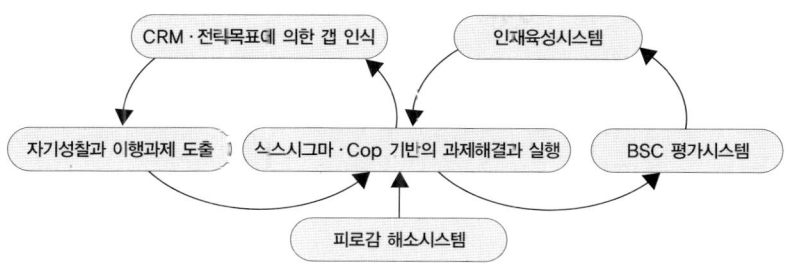

피하더라도 구성원들의 수고에 대한 배려는 반드시 필요했다. 이를 위해 관세청은 WLB 프로젝트를 가동하게 된다. 많은 논의와 분석 그리고 의견수렴을 통해 31개의 과제로 구성된 총 14개의 프로그램을 확정하고 실행했다(〈표 12-2〉 참조). 이 프로그램에는 구성원의 피로감을 완화시켜준다는 의도뿐만 아니라 관세청 가족으로서의 배려라는 깊은 의미가 담겨 있다.

관세청의 확장된 자기창조 반복장치를 요약해보자. 〈그림 12-5〉는 이를 정리한 것이다. 왼쪽의 순환은 관세청이 구축한 협의의 자기창조 반복장치를 의미한다. 갭 인식과 자기성찰을 통해 도출된 과제는 과제해결팀에 의해 실행에 들어간다. 오른쪽의 순환은 자기창조 반복장치를 확장하기 위한 시스템들이다. 과제해결에 참여하는 구성원들은 엄정한 평가를 받게 되며, 인재육성시스템에 의해 자기성장을 하게 된다. 또 자기창조 활동에 필연적으로 따르는 피로감을 줄이기 위해 피로감 해소시스템이 구축되어 있다. 이들 시스템의 유기적인 연결을 통해 관세청은 자기창조를 지속할 수 있는 기반을 마련하게 된다.

Self Creation 13
자기창조를 위한 조직정렬

••• 자기창조로의 **조직정렬**을 위한 세 가지 **요소**

'화력집중의 원칙'이 있다. 전쟁터에서 적을 효과적으로 무찌르기 위해서는 아군이 가지고 있는 화력을 한곳에 전략적으로 집중해야 한다는 뜻이다. 화력을 집중하기 위해서는 전제조건이 필요하다. 각종 군 자원을 한 방향으로 정렬시켜야 한다. 보병은 이 방향으로, 포병은 저 방향으로 제각각 움직이면 화력을 한군데로 모을 수 없다. 자기창조도 마찬가지다. 자기창조는 근본적으로 자신을 변화시키는 행위다. 그런 변화 행위들이 목적한 방향으로 정렬되어 있지 않으면 효과적인 자기창조를 할 수 없다.

자기창조를 향하여 조직이 정렬되기 위해서는 세 가지가 요소가 필요하다. 첫 번째는 가치정렬이다. 구성원들이 지속적으로 자기창조를 수행할 수 있도록 유도하는 하나의 공유가치를 갖는 것을 말한다. 문화적 정렬이라고도 할 수 있다. 어른에 대하여 공경하라는 한국의 가치가 좋은 예가 된다. 오랜 시간 동안 한국인은 윗사람을 존경해야 한다는 가르침을 받아왔다. 부모에 대한 공경심은 물론이고 주위 어른에 대하여도 공경하라고 배워왔다. 이런 가치로 인해 많은 한국 사람들은 지하철이나 버스에서 나이 드신 분들에게 자리를 양보하는 미덕을 유지하고 있다. 가치에 의한 행동통제 현상이 나타나고 있는 것이다. 마찬가지로 자기창조를 조직의 핵심가치로 받아들이게 되면 유사한 행동통제 현상이 나타나게 된다.

두 번째는 과제정렬이다. 변화과제를 도출하는 과정이 체계적이고 일관되어야 한다. 변화과제를 도출하는 모습을 보면 그 조직의 자기창조 실력을 어느 정도 가늠할 수 있다. 어떤 조직은 왜 이러한 과제가 도출되었는지 이해할 수 없을 정도로 변화과제들 간의 연관성이 떨어진다. 이렇게 되면 자기창조도 효과적으로 일어날 수 없다.

세 번째는 참조지표정렬이다. 참조지표는 자신의 행동을 비추어보는 거울 같은 역할을 한다. 예를 들어, 수영선수들은 당대 최고의 수영선수들의 영법과 자신의 영법을 비교해본다. 이를 통해 자신의 영법을 고치려고 노력한다. 이때 세계 최고 수준의 선수가 참조지표가 된다. 자기창조에서도 참조지표가 중요하다. 자신이 지금 진행하고 있는 일들이 옳은지 그른지를 판단할 필요가 있기 때문이다. 참조지표가 있어야 자기창조가 일정한 궤도를 달리고 있는지 혹은 궤도를 이탈하고 있는지

그림 13-1 자기창조로의 조직정렬을 위한 세 가지 요소

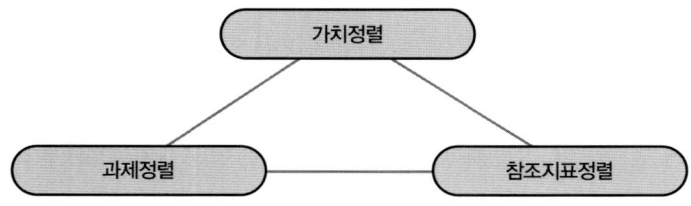

를 알 수 있다. 〈그림 13-1〉은 지금까지의 설명을 정리한 것이다.

••• 가치정렬

　　　　　가치정렬은 구성원들이 하나의 가치체계를 공유할 때 나타나는 현상이다. 가치정렬이 이루어지면 자기창조 행위는 습관처럼 자연스럽게 베어 나오게 된다. 가치정렬이 가장 잘된 조직으로 3M을 들 수 있다.

　초우량기업이자 세계에서 가장 존경받는 기업 중 하나인 3M에는 자기창조와 관련하여 재미있는 원칙이 있다. 15% 원칙이 한 예다. 직원들이 업무 이외에 자신의 관심 분야에 근무시간의 15%를 할애하여 연구해야 하는 원칙을 말한다. 30% 원칙이라는 것도 있다. 연간 총 매출의 30%를 최근 4년 이내에 출시한 신제품과 서비스로 달성해야 한다는 것

이다. 이들 원칙의 기저에는 3M은 창조적이어야 한다는 핵심가치가 자리잡고 있다. 그래서 3M에서는 제도보다 창조적 풍토를 더 존중하고 아랫사람의 창조적 동기를 꺾지 않는 기업문화를 강조한다.

관세청이 자기창조에 돌입하면서 무척 고심한 것이 있다. 자기창조 활동에 전력투구하던서 관세청은 한편으로 공허함을 느끼게 된다. 지금까지 우리가 쏟은 노력의 근간은 무엇일까? 우리는 어떤 가치를 가지고 이러한 일들을 하고 있는 것일까? 과연 지금하고 있는 일들은 DNA처럼 유전될 수 있을까?

이러한 의문에 봉착하면서 관세청은 자신들의 정체성과 추구하는 가치에 대한 물음을 가지게 된다. 구성원들의 마음을 한곳에 모으는 가치정렬의 필요성을 느낀 것이다. 이것을 위하여 두 가지 행위를 한다. 하나는 관세청의 미션을 재정립하는 것이었고, 다른 하나는 새로운 미션에 부합한 핵심가치를 만드는 것이었다.

관세청의 조직환경은 매우 급변하고 있었다. 국가 간 FTA 체결과 도하개발어젠더(DDA; Doha Development Agenda)[27] 그리고 긴급수입제한권(세이프가드) 등으로 국제무역환경이 소용돌이 치고 있었다. 대테러 방어와 마약유입 방지 그리고 먹거리의 안전성을 확보하기 위한 국경안전관리의 중요성은 더 커졌다. 전자기술은 날로 발전하여 유비쿼터스 체제를 갖추지 않으면 민간의 다양한 요구에 대응하지 못하는 환경

---

[27] 2001년 11월 카타르의 수도 도하에서 열린 제4차 WTO 각료회의에서 명명된 새로운 다자간 무역협상을 말한다. 개발도상국들의 관심사항인 개발문제를 중요하게 다루겠다는 뜻에서 '개발어젠더' 라는 명칭을 사용하고 있다.

그림 13-2 관세청의 미션 중요도 변화

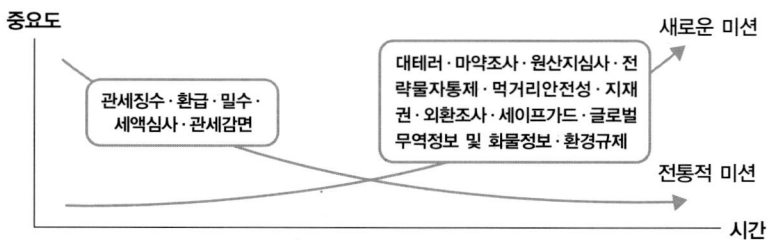

표 13-1 관세청의 미션

미션 : 튼튼한 경제, 안전한 사회를 위한 관세국경 관리
우리는 대한민국의 얼굴이며 관세국경의 수호자이다. 우리는 우리나라로 들어오거나 나가는 모든 물품을 신속하게 통관하는 한편, 관련법규를 엄정하게 집행함으로써 • 국가재정과 국민경제를 보호하고 　　　　　　　(Protection) • 사회안전과 국민생활 위해 요소의 유입을 차단하며　(Prevention) • 합법적인 국제교역과 여행자 이동을 촉진한다.　　(Promotion)

도 전개되었다. 이렇게 복잡하고 새로운 환경이 전개되고 있음에도 구성원들은 과거의 미션에 사로잡혀 새로운 변화를 제대로 인식하지 못할 수 있다. 이것을 바로 잡기 위하여 관세청은 미션의 재정립을 시도한다. 〈그림 13-2〉는 환경변화에 따라 관세청의 미션의 중요도가 어떻게 변해가고 있는지를 보여준다.

〈표 13-1〉이 새롭게 정립된 미션이다. 과거의 관세징수와 밀수단속

중심의 미션이 국민경제보호와 관세국경관리의 강화 그리고 국제무역의 촉진으로 변화되었음을 읽을 수 있다.

미션의 변화는 관세청에 새로운 숙제를 안겼다. 여기에 걸맞은 핵심가치도 정립될 필요성이 제기된 것이다. 네 가지 핵심가치가 발굴되었다. 동반자정신, 명예긍지, 변화혁신 그리고 세계 최고가 이들이다(〈표 13-2〉 참조).

동반자정신은 관세청에 오랫동안 면면히 흘러왔던 정신을 형상화한 것이다. 관세청은 예건부터 정이 많고 더불어 사는 것을 미덕으로 여겨왔다. 서로 돕고 모든 구성원들을 가족처럼 여기는 마음이 정부부처에서도 손꼽힐 정도로 좋았다. 동반자정신에는 이러한 전통을 내부 직원뿐만 아니라 외부 고객에게도 베풀자는 의미가 담겨 있다.

명예긍지는 관세청이 지난 세월 자기창조 활동에서 얻은 자부심을 지키자는 의미가 담겨 있다. 뿐만 아니라 관세청이 국가경제에서 차지하는 위상이 작지 않음을 상기하자는 뜻도 있다. 여기에는 남에게 뒤처지는 초라한 기관이 되지 말자는 자기단속의 뜻도 내포되어 있다.

변화혁신은 관세청의 자기창조 활동을 지속적으로 유지하자는 의미가 담겨 있다. 관세청의 대외환경은 어떤 정부부처보다도 빠르게 변하고 있다. FTA 협상이 대표적인 예다. 이러한 환경변화의 흐름에 재빠르게 대처하지 못하면 국민에게 웃음거리가 될 수 있다. 변화혁신에는 이를 경계하여 지속적으로 변화하자는 관세청의 굳은 의지가 담겨 있다.

세계 최고는 일하는 모습을 세계 최고 수준으로 끌어올리자는 의지를 표현한 말이다. 관세청은 이미 여러 분야에서 세계적 수준의 서비스

표 13-2 관세청 핵심가치 선언문

> 1. **동반자정신** : 우리는 관세행정 고객을 상생협력의 파트너로 신뢰하고 존중하며 함께 일하는 동료를 우리의 오랜 전통인 세관 가족 사랑의 마음으로 존경하고 배려한다. 이는 우리가 소중히 여기는 모든 가치의 중심이며 뿌리다.
> 2. **명예긍지** : 우리는 청렴과 공정, 정직과 성실이 우리가 지켜야 할 명예의 근본임을 인식하고, 관세 국경을 관리하는 우리의 임무를 자랑스럽게 여기며, 이를 위해 헌신한다.
> 3. **변화혁신** : 우리는 멀리 보는 눈으로 미래를 예측하고, 열린 마음으로 세관 고객의 요구에 귀 기울이며 유연한 사고, 도전정신 그리고 식지 않는 열정으로 창조적 변화를 추구한다.
> 4. **세계 최고** : 우리는 축적한 경험과 정보, 지식과 기술을 바탕으로 새로운 가치를 창출하여 국제표준을 선도하는 신속하고 정확하며 가장 효율적인 세계 최고의 관세행정을 실현한다.

를 제공하고 있다. 관세청의 전자통관시스템은 전 세계의 여러 국가로 이전되고 있다. 공항의 관세서비스는 세계 1위에 올라 있으며, 세계관세기구로부터 지재권 보호 대상을 수상하기도 했다. 이것을 지켜내고 또한 세계 최고 수준의 서비스를 지속적으로 창출하자는 것이 세계 최고에 담긴 정신이다.

최근 여러 조직에서 핵심가치를 정립하는 열풍이 불고 있다. 하지만 핵심가치를 제대로 실천하기 위해 노력한 흔적은 많지 않다. 그저 구호로 그치는 경우가 대부분이다. 단순한 구호로 그친다면 애써 핵심가치를 정립한 의미가 없다. 이를 전파하고 내면화하기 위한 노력이 뒤따르지 않는다면 핵심가치는 구성원들에게 웃음거리만 될 뿐이다. 이 점을 잘 알고 있던 관세청은 전력을 다해 핵심가치의 전파와 내재화에 나선다.

관세청의 핵심가치는 우선 BSC와 같은 평가시스템에 그대로 반영되었다. 변화혁신은 관세청 평가시스템의 근간이 되는 가치이다. 변화혁신을 실천하지 않고서는 좋은 평가는 고사하고 개인의 성장에도 지장이 있을 만큼 강력한 제도를 구축해놓았다.

명예긍지를 유지하기 위한 노력도 진행되었다. 관세청의 최우수인재를 명예의 전당에 헌정하는 제도를 도입했다. 관세청의 명예를 드높인 직원에게 최고의 예우를 하는 것이 스스로에게 긍지를 갖는 길이라고 생각했다. 아름다운 퇴직문화의 조성도 같은 맥락에서 이루어졌다. 30년 이상 장기근속자들이 퇴직할 때는 예우를 갖추어 기념품을 증정했다. 또한 각종 관세 관련 재취업 풀을 구축하여 이들의 제2인생 설계를 도왔다. 민간 분야 취업알선과 퇴직사전상담제도가 실시되었다. 퇴직자들이 관세청을 떠나서도 관세청의 사람임을 느낄 수 있도록 각종 지원을 하는 것도 잊지 않았다.

관세청은 명예긍지를 높이기 위한 청렴성 확보에도 많은 노력을 기울였다. 무엇보다 인사시스템의 잡음을 없애는 것이 가장 중요했다. 인사시기의 비정기화, 인사기준의 일관성 미비, 보직충원 봉식인사 등에 대한 조치를 통해 승진, 전보, 보직부여 시 발생하던 문제들을 해결했다. 우선, 매년 초에 연간인사 운영방안을 공지했다. 정기인사시기도 2월과 8월로 정례화했다. 자녀학교 문제 등을 고려한 결정이다. 인사기준은 정기인사 1개월 전에 사내 인트라넷에 공개했다.

기피부서에 대한 인사원칙도 공표되었다. 기피부서의 적정 근무인원이 파악되면 지체 없이 보직원칙을 공개했다. 경력개발제도와 연계하여 차기 보직이 예측 가능하도록 해, 자신의 경력경로에 따라 인사지원을 할 수 있도록 했다. 신규채용자는 최초 3년간 순환보직을 한 후 경력개발프로그램에 따라 인사를 했다. 인사시스템이 관리자 중심으로 운영된다는 하위 직급자들의 불만도 해소해주기로 했다. 인사위원회에 직장협의회 대표, 여직원 대표 그리고 기술직 대표가 참관할 수 있도록 했다.

개인의 청렴도를 높이기 위한 노력도 진행되었다. 공무원은 반부패 활동의 대상이라는 인식에서 벗어나 청렴 실천의 주체가 되는 것을 목표로 삼았다. 주위의 부패환경을 개선했거나 청렴성 향상을 기했던 활동과 실천사례 그리고 대내외적으로 청렴성을 돋보인 사례 등에 대하여 심사를 한 후 인센티브를 주는 제도가 도입되었다. 청렴성 향상을 위한 교육도 집중적으로 이루어졌다. 자신의 청렴도를 알 수 있는 체크리스트를 사내 인트라넷에 올려, 구성원들이 스스로 자기점검을 하도록 했다.

동반자정신은 관세청이 매우 중요시하는 핵심가치 중 하나다. 내부 구성원들뿐만 아니라 외부 고객, 즉 기업, 출입국을 하는 내외국민 그리고 관세사나 관세협회 등을 모두 파트너로 인식하고 행동하자는 것이 이 정신의 핵심이다. 제2장에서 관세청이 삶의 지배자를 바꾼 예를 설명했다. 이것들은 곧 동반자정신을 대변하는 중요한 예이기도 하다. 동반자정신, 명예긍지 그리고 변화혁신이 모두 뭉쳐지면 관세청은 세계 최고 수준에 오를 수 있다는 것이 세계 최고 정신이다.

핵심가치를 조직문화로 내재화시키기 위한 관세청의 노력은 더 있

그림 13-3 핵심가치의 내재화를 위한 관세청의 노력

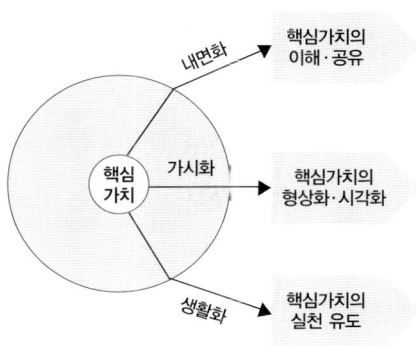

다. 관세청은 핵심가치가 구성원의 일상생활에 자리잡기 위해서는 세 가지가 필요하다고 생각했다. 핵심가치 자체를 이해하기 위한 내면화, 핵심가치를 쉽게 인식하기 위한 가시화 그리고 핵심가치를 실제 생활에서 실천하기 위한 생활화가 이들이다(〈그림 13-3〉 참조). 먼저, 핵심가치의 내면화를 적극적으로 추진하기 위한 전담기구가 설치되었다. 각종 해설서와 소감문 경진대회 그리고 설명회도 개최되었다. 핵심가치의 가시화를 위해서 각종 도안 및 캐릭터가 개발되었다. 핵심가치를 기반으로 하는 문화예술제도 열렸다. 핵심가치의 생활화를 위한 노력도 진지하게 진행되었다. 관세공무원의 행동규범을 정립했고, 관세업무 전반에 걸쳐 핵심가치를 반영한 36개의 과제를 별도로 도출하여 실행하는 노력을 기울였다.

핵심가치를 전파하고 내재화 하는 노력은 제도나 시스템 차원에서만

이루어진 것은 아니다. 퇴근 후의 저녁 회식자리에서도 그 노력은 계속 되었다. 관세청은 네 가지 핵심가치를 주제로 한 상징적 의식을 개발하여 전파에 나섰다.

예를 들어, 관세청의 회식자리에서는 이런 일이 자주 일어난다. 두 사람이 마주 서서 술잔을 들고 한 사람이 '동반자'라고 외치면 다른 사람이 '정신'이라고 답을 한 후 술잔을 비운다. 그리고 서로의 귀를 잡고 처음 사람이 '명예'라고 외치며 상대의 볼에 자신의 볼을 갖다 댄다. 그러면 상대는 '긍지'라고 외치며 자신의 반대편 볼을 맞댄다. 다시 처음 사람이 '변화'라고 외치면 상대는 '혁신'이라고 답하며 볼을 맞대는 동작을 반복한다. 마지막 장면이 재미있다. 처음 사람이 다시 '세계'라고 외치면 다음 사람은 '최고'라고 외치면서 자신의 이마로 상대의 이마를 퍽 소리가 날 정도로 받는다. 마지막 차례가 되면 살살 받치기 위해 몸동작을 하는 등 우스꽝스러운 행동들이 연출된다. 좌중은 이내 웃음바다로 변한다. 이 의식을 행하는 동안 하나라도 틀리면 벌주를 마셔야 한다.

이런 행위들이 별 의미 없는 놀이 같지만 사실은 큰 의미를 갖고 있다. 재미있는 행동을 통해 네 가지 핵심가치를 아주 쉽게 머릿속에 각인시킬 수 있다. 볼을 비비는 장면에서는 친밀감을 느낄 수 있다. 머리를 받치는 순간에는 그 행위에서 오는 희극적 요소로 좌중이 부드럽게 변한다. 이러한 의식을 통해 관세청의 핵심가치가 구성원들의 머릿속에 각인되는 것이다.

••• 과제정렬

　　　　　　　자기창조로의 조직정렬을 위한 두 번째 요소인 과제정렬을 살펴보자. 과제정렬은 자기창조의 이행과제가 일관된 흐름과 인과 구조를 가지고 있을 때 만들어진다. 이것이 가능하려면 과제도출의 출발점이 조직의 비전과 전략이 되어야 한다. 자기창조 이행과제들이 일관성을 유지하지 못하고 단순 나열로 느껴지는 이유는 과제도출이 조직의 비전과 전략에서 출발하지 못했기 때문이다. 그렇게 되면 과제는 〈그림 13-4〉와 같은 상태에 놓이게 된다.

　이러한 상태에서 벗어나기 위한 아이디어가 〈그림 13-5〉에 있다. 〈그림 13-5〉는 자기창조를 위한 이행과제의 도출이 조직의 비전과 전략에

그림 13-4 과제정렬이 이루어지지 않은 상태

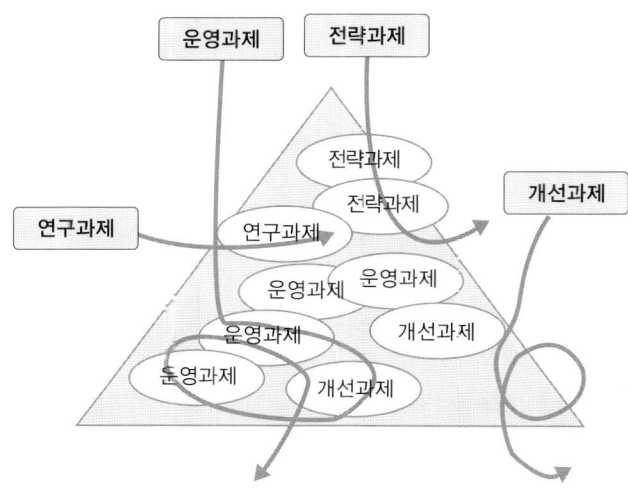

그림 13-5 비전-전략-이행과제 도출의 관계

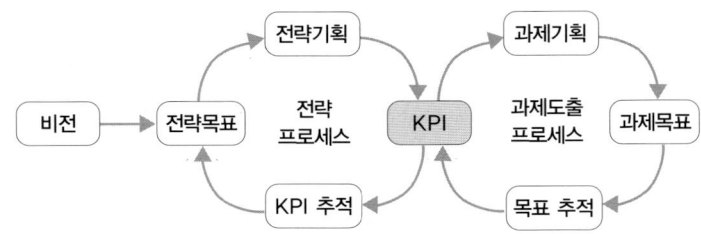

주 : KPI(핵심성과지표)

기초해야 함을 명확히 하고 있다. 자기창조의 미래 모습이 분명히 정의되고 이에 따라 자기창조 전략이 수립된 후에 이행과제들이 기획되어야 한다. 이렇게 도출된 자기창조 이행과제들은 상호 관련성이 높을 뿐만 아니라 일관된 모습을 유지하게 된다.

관세청이 자기창조를 매우 용이하고 일관되게 추진할 수 있었던 이유도 〈그림 13-5〉와 같은 방식으로 이행과제를 도출하는 체계를 구축했기 때문이다. 그 과정을 좀더 자세히 살펴보자.

관세청이 자기창조를 시도한 이후 대외환경은 크게 변화했다. 경제적으로는 미국, 칠레, EU 등과 FTA가 동시다발적으로 체결되거나 협상이 이루어지고 있는 등 글로벌 경쟁이 더욱 거세지는 환경변화가 일어났다. 이에 따라 관세청의 개념도 관세징수와 밀수단속 중심의 사고에서 글로벌 경쟁 환경에 능동적으로 대응할 수 있는 개념으로 변경될 필요가 있었다. 이 점을 고려하여 '선진통상국가를 실현하는 글로벌 톱 관세행정'이라는 새로운 비전을 세우게 된다. 관세청이 선진통상국가의 기틀을 다지는 기관으로 변화해야 한다는 의미와, 이를 위해서는 글로벌 수준에 이르는 고도의 관세행정을 펴야 한다는 의미를 담았다.

구체적으로 관세청은 세 가지 분야에서 톱이 되기로 했다. 최고의 전문가(Top Specialist), 최고의 시스템(Top System) 그리고 최고의 서비스(Top Service)가 그것이다. 새로운 비전을 실천하기 위해 관세청은 5개의 추진 팀을 구성했다. 이곳을 중심으로 분야별 전략체계와 세부 이행과제가 수립되었다. 그렇게 해서 만들어진 전략기획이 CMP2010이다. 세관선진화 5개년 계획의 약자다.

CMP2010은 크게 8대 전략을 중심으로 96대 이행과제로 구성되었다. 8대 전략에는 유비쿼터스 세관 실현, 글로벌 수준의 통상 비즈니스 환경 조성, 최첨단 고부가가치형 물류서비스 체제 구축, 관세행정시스템의 세계적 브랜드화 추진, 파트너십 강화로 고객 중심의 서비스 실현, 국민 안전을 위한 관세국경 관리의 고도화, 위험관리 선진화로 인비저블 커스텀즈(Invisible Customs) 구현 그리고 경영혁신모델 구축으로 인력·조직역량 강화가 포함되었다. 이들을 실행할 단기 23개, 중기 38개, 장기 35개의 총 96개 과제가 도출되었다(〈표 13-3〉 참조).

물론 자기창조 과제는 전략과제로만 구성되는 것은 아니다. 앞 장에서 보았듯이, 고객의 불만에서 도출된 현장의 이행과제들도 중요하다. 다만, 여기서는 조직 전체를 전략적으로 관통하는 과제를 일관된 방향에서 도출하는 것의 중요성에 초점을 맞추고 있다. 필요에 따라서는 고객의 불만에 의한 과제들도 전략과제에 포함될 수 있다. 여기에 포함되지 않는 과제는 전략과제를 미시적으로 보완하는 과제가 된다.

표 13-3 관세청의 8대 전략별 이행과제

구분	단기 (2006년)	중기 (~2008년)	장기 (~2010년)	계
유비쿼터스 세관 실현	2	1	8	11
글로벌 수준의 통상 비즈니스 환경 조성	0	2	3	5
최첨단 고부가가치형 물류서비스 체계 구축	2	3	2	7
관세행정시스템의 세계적 브랜드화 추진	2	3	5	10
파트너십 강화로 고객 중심의 서비스 실현	6	7	6	19
국민 안전을 위한 관세국경 관리의 고도화	3	6	6	15
위험관리 선진화로 인비저블 커스텀즈 구현	4	5	3	12
경영혁신모델 구축으로 인력·조직역량 강화	5	9	3	17
합계	24	36	36	96

••• 참조지표정렬

　　　　　　자기창조로의 조직정렬을 위한 마지막 요소는 참조지표정렬이다. 참조지표란 무엇인가? 학교행사의 일환으로 도봉산에 올라간 적이 있다. 많은 교직원들이 모여 약 4시간 코스를 등반하는 행사였다. 모인 사람들이 꼬리를 물고 산을 올라갔다. 나 역시 앞 사람을 따라 산을 열심히 올라갔다. 그런데 문제가 생겼다. 산을 오른 지 2시간쯤 지났을 때, 내가 속한 그룹이 길을 잃고 헤매고 있었다. 한참을 헤맨 뒤에야 우리는 본대에 합류할 수 있었다.

　　우리는 왜 길을 잃었을까? 어느 갈림길에서인가 앞장서던 사람이 엉뚱한 사람의 뒤를 쫓아갔기 때문이다. 고개를 들어 주위를 살피고 자신이 제대로 가고 있는지를 돌아보지 않고 그저 앞 사람만 보고 간 결과다. 이정표를 확인하지 않았던 것이다. 한마디로, 우리는 참조지표가 없었다. 이와 같은 일이 자기창조에서도 벌어질 수 있다. 자기창조라는 목표를 향하여 많은 사람들이 같은 보폭과 호흡으로 변화라는 산을 오른다. 그런데 이때 자칫 잘못하면 조직 전체가 미궁에 빠질 수 있다. 이를 막기 위해서는 제대로 정렬된 참조지표가 있어야 한다.

관세청은 숨 돌릴 틈도 없이 자기창조의 길로 들어서게 된다. 지금까지 일상적으로 행해졌던 많은 루틴들이 짧은 시간 안에 변경되기 시작했다. 구성원들도 크건 작건 자신들에게 주어진 과제들을 풀어가며 정신없이 달려왔다. 그런 와중에 관세청은 근본적인 질문을 던지게 된다. 관세청의 자기창조- 과연 제대로 이루어지고 있는가? 이러한 변화는 성과가 있는 것인가? 관세청이 던진 질문에는 참조지표에 대한 고민이 담겨 있었다. 이 문제를 해결하기 위해 관세청은 잘 정렬된 참조지표의 구축에 나선다.

자기참조지표를 구축하는 방식은 BSC를 활용하기로 했다.[28] BSC는 민간기업에서 사용되고 있는 것으로, 관세청의 자기창조 활동에 대한 참조지표를 만드는 데도 적합한 방법이라고 생각했다. 하지만 단순히 지표를 만드는 것은 무의미했다. 이 지표체계와 자기창조 행위의 핵심이 되는 성찰과 문제해결 활동을 연결하는 것이 중요했다. 즉 BSC를 통해 해결해야 할 과제를 선정하고 이를 해결함으로써, 기존 루틴에 대한

---

[28] BSC에 의한 자기참조지표는 두 가지 역할을 한다. ①달성해야 할 전략적 목표의 명시와 평가도구 ②과제도출의 도구. 이 중 ②의 역할에 대하여는 제11장에서 소개되었다.

그림 13-6 관세청의 BSC 관점

민간기업의 BSC 관점	수정 필요성	관세청의 BSC 관점
재무 재무적으로 성공하려면 주주에게 어떻게 보여야 하는가?	재무적인 관점이 아닌 공익 측면에서 달성할 성과 필요	**성과** 국민들에게 어떤 수행성과 (미션달성)를 보여야 하는가?
고객 비전을 달성하려면 고객에게 어떻게 보여야 하는가?	국민과 이해관계자 (고객)들에게 서비스 만족도 제고 필요	**이해관계자(고객)** 비전 달성을 위해 이해관계자들과 어떤 관계를 유지·발전시켜야 하는가?
내부 프로세스 주주와 고객을 만족시키려면 어떤 내부 프로세스에 뛰어나야 하는가?	업무프로세스뿐 아니라 모든 활동이 체계적으로 고객에게 제공될 수 있는 방안 모색 필요	**프로세스와 활동** 대내외적으로 어떠한 프로세스와 활동에 탁월해야 하는가?
학습과 성장 비전 달성 위해 필요한 학습과 성장능력을 어떻게 유지시켜 나갈 수 있는가?	지속적으로 경쟁력 있는 관세 행정을 추진하기 위해 기관과 개인의 역량을 강화할 수 있는 방안 강구	**미래대비** 미래 경쟁력 강화를 위해 무엇을 준비해야 하는가?

비대칭성을 지속적으로 창출하는 지표체계의 개발이 필요했다.

민간기업을 위해 개발된 BSC의 개념을 정부 조직에 맞게 적절하게 해석하는 작업이 선행되었다. BSC의 네 가지 관점인 재무적 관점, 고객 관점, 프로세스 관점 그리고 학습과 성장관점을 성과 관점, 이해관계자 (고객) 관점, 프로세스와 활동 관점 및 미래 대비 관점으로 수정했다(〈그림 13-6〉 참조).

수정된 네 가지 관점과 BSC 전개방법에 따라 관세청의 실제 사례를 대입해본 예가 〈그림 13-7〉에 있다. 비전을 글로벌 톱 관세행정 구현으로 했음은 이미 언급한 바다. 비전을 달성하기 위해 실현해야 할 하나의

그림 13-7 관세청의 BSC 구축방식

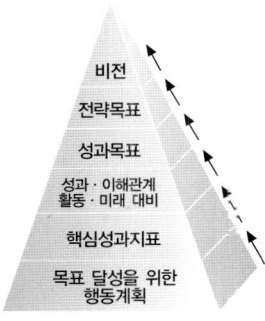

전략목표인 '기업하기 좋은 통상환경 조성으로 국민경제 지원'을 중심으로 예를 들어보자. 관세탈루 등 불법적인 행위를 차단하고 불필요한 심사로 인해 무고한 피해를 줄여 성실업체를 지원하자는 의미가 담겨 있다. 이때의 성과목표 중의 하나로 위험선별 실효성 제고를 들 수 있다. 여기서의 핵심 성공요인은 불법성이 강한 고위험 분야에 얼마나 집중할 수 있느냐에 있다. 이를 위해서는 탈루적 성격이 강한 세액심사만을 선별해내야 한다. 그래서 세액심사 선별적중률을 높이는 것을 핵심성과지표로 설정하게 된다. 이와 같은 방식으로 관세청 및 단위부서, 산하 세관 및 단위부서 그리고 개인에 이르기까지 성과지표를 모두 설정하게 된다(〈그림 13-8〉 참조).

BSC 방식의 성과지표가 전체 조직에 마련되자, 관세청은 이를 자기창조 행위의 참조지표로 삼게 된다. 이를 통해 자신들이 어디로 가고 있으며 어느 정도의 성과를 내고 있는지를 관찰할 수 있게 되었다. 〈그림 13-9〉는 자기참조지표의 활용 예를 보여주고 있다. 핵심성과지표별로

그림 13-8 관세청의 BSC 하부조직 전개

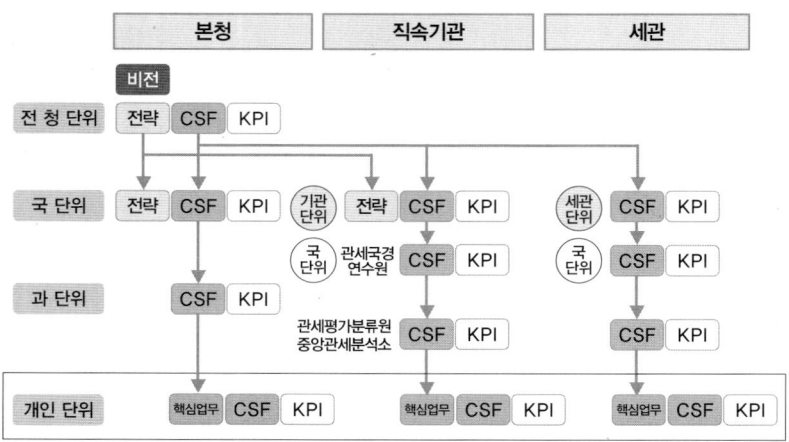

* CSF : Critical Success Factor, KPI : Key Performance Index

누가, 어느 정도의 성과를 내고 있는지를 한눈에 알 수 있다.

하지만 관세청은 참조지표를 성과를 기술하는 도구로만 활용하지 않았다. 제11장에서 설명한대로 자기창조의 핵심이 되는 성찰과 문제해결 활동을 연결하는 일에도 BSC 시스템이 활용되었다(제11장 〈그림 11-5〉 참조).

BSC를 통한 참조지표를 만들면서 관세청이 깊이 있게 고민한 두 가지가 있다. 하나는 시기의 문제이고, 다른 하나는 지표 설정의 주체에 대한 문제였다.

시기 문제를 살펴보자. 많은 조직들이 이에 관하여 실수를 범한다. 조직변화를 시도하면서 가장 먼저 평가지표부터 손대는 조직들이 많다. 이들 조직에서는 변화의 핵심이 성과지표를 뜯어고치는 것에 있는 것처럼 행동하기도 한다. 이것은 일견 옳은 것처럼 보이지만 치명적인 문제

그림 13-9 자기참조지표의 활용

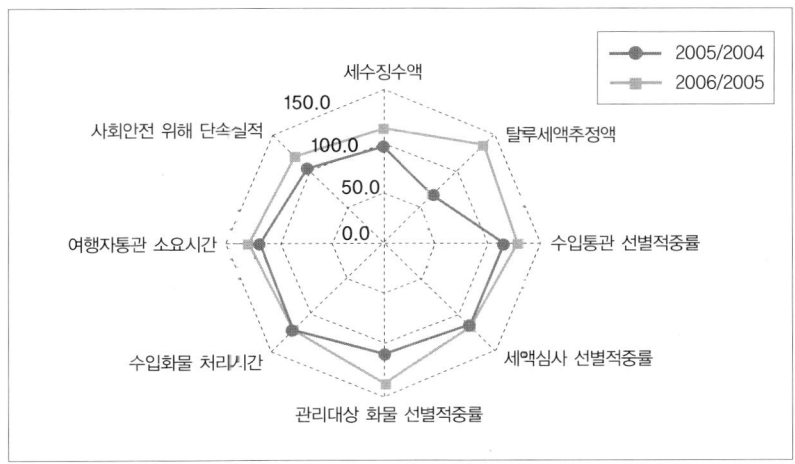

주요 지표 \ 연도	2004년	2005년	2006년	실적증가율 (2005년/2004년)	실적증가율 (2006년/2005년)
세수징수액	16.9조 원	15.7조 원	17.8조 원	92.8%	113.47%
탈루세액추징액	1,489억 원	984.8억 원	1,327억 원	66.1%	134.8%
수입통관 선별적중률	30.9%	35.5%	45.8%	114.5%	128.9%
세액심사 선별적중률	47.5%	54.9%	63.8%	115.6%	116.1%
관리대상 화물 선별적중률	31.2%	34.3%	47.4%	109.8%	138.2%
수입화물 처리시간	5.5일	4.5일	4.5일	122.2%	100%
여행자통관 소요시간	30분	25분	23분	120%	109%
사회안전 위해 단속실적	2,418건	2,494건	3,033건	103.1%	121.6%
평균 증가율	–	–	–	103.5%	121.9%

를 가지고 있다. 가장 큰 문제는 새로운 지표에 대한 구성원들의 내면적인 이해가 부족한 상태에서 이들의 행동을 규제하려든다는 데 있다.

자기창조는 본질적으로 기존의 루틴을 버리고 새로운 루틴을 조직에 채우는 현상을 말한다. 이것이 반복되는 체질이 만들어졌을 때 진정한 의미의 자기창조가 일어났다고 할 수 있다. 이런 방향에서 참조지표가 설정되기 위해서는 구성원들이 무엇을 버리고 어떻게 채우는지에 대한 일정 기간의 연습이 필요하다. 그래야 왜 이러한 성과지표가 필요한지에 대한 내면적 이해가 가능하고 이를 토대로 지표가 정렬될 수 있다. 이 과정을 생략한 채로 참조지표가 먼저 설정되는 경우, 구성원들은 무엇을 어떻게 해야 하는지 그리고 왜 그런 일을 해야 하는지를 이해하지 못하게 된다. 그렇게 되면 새롭게 마련된 참조지표는 단순한 지표의 나열에 그칠 뿐 의미를 잃게 된다.

관세청의 경우, 자기창조 행위에 대한 상당한 수준의 연습이 이루어진 후에 참조지표가 만들어졌음에 주의를 기울일 필요가 있다. 물론 마일리지나 개별 조직 단위의 성과지표가 없었던 것은 아니다. 하지만 진정한 의미의 참조지표는 자기창조 행위에 대한 많은 연습과 이해가 이루어진 후에 등장하게 된다.

두 번째 이슈는 누가 만들 것인가이다. BSC와 같은 참조지표를 사용하려는 조직은 대부분 외부전문가나 컨설팅회사의 도움을 받는다. 이런 관행이 잘못되었다는 것이 아니다. 문제는 전적으로 이들에게 의존할 경우 자기창조와는 아무런 관련성이 없는 지표체계가 만들어진다는 데 있다. 자기창조와의 관련성이 높은 지표체계를 만들기 위해서는 내부 구성원들이 중심이 되어야 한다. 즉 구성원들의 경험세계가 녹아들어가야 참조지표로서의 제 역할을 할 수 있다.

여기서 '구성원들의 경험세계'라는 말을 주시할 필요가 있다. 이 말은 변화라는 것을 경험하지 못한 구성원들에게는 변화를 자극하는 지표체계를 기대할 수 없다는 의미를 담고 있다. 변화에 대한 경험이 없으면 기존의 방식을 강화하거나 방어하기 위한 지표체계를 구성할 수밖에 없다. 변화와 관련된 경험세계가 일천하기 때문이다. 구성원들의 경험세계와 동떨어진 지표는 결국 자기창조와 관계없는 단순 평가지표로 전락하게 된다. 이런 일을 방지하기 위해서는 외부전문가나 컨설팅회사에만 의존해서 지표 설계를 해서는 안 된다. 구성원들의 경험세계와 동떨어진, 활용 불가능한 지표체계를 만들어낼 가능성이 높기 때문이다.

관세청이 새로운 지표체계를 구축하게 된 배경에는 또 다른 이유가 있다. 정부기관들이 갖는 공통된 문제는 기관장의 임기가 매우 짧다는 것이다. 게다가 조직의 내부사정에 밝지 못한 기관장들이 임명되는 경우도 많다. 그런 경우 짧은 기간의 업무 수행으로 내부사정을 정확히 파악하지 못한 채 인사를 단행하는 일이 다반사로 일어날 수 있다. 조직 내부에서 전혀 인정받지 못하는 사람들이 중책에 임용되거나 승진을 하게 된다. 그때마다 구성원들은 심한 좌절감에 빠진다. 그리고 열심히 일하는 것보다 줄을 잘 서는 것이 더 중요하는 사실을 다시금 깨닫는다. 이러한 악순환의 고리를 끊어야 한다는 절박한 사정이 관세청에도 있었다. 자기창조라는 쉽지 않은 일을 행하는 구성원들이 아닌 엉뚱한 사람들이 승진을 하는 상황에서 자기창조에 동참하라고 강요하는 것은 모순이기 때문이다. 관세청은 이런 일이 일어나는 것을 방지하기 위한 목적으로도 새로운 지표체계를 구축하게 된다.

Self Creation **14**

쇠퇴하는 조직이 걷는 길

지금까지 우리는 자기창조의 원리부터 실행에 이르는 과정을 관세청의 예를 중심으로 살펴보았다. 글을 마치기 전에 중요한 이야기 한 가지를 더 언급하려고 한다. 자기창조를 하지 못하고 쇠퇴하는 조직이 어떤 길을 걷는지를 살펴보려고 한다. 대상이 되는 조직은 제록스다.[29]

••• 제록스의 몰락

미국 경제주간지 〈포춘Fortune〉은 매년 세계적 수준의 500대 기업을 선정하여 발표한다. 세계 500대 기업의 수명에 관심이 많았던 한 학자가 이들 중 사라져버린 기업들의 평균수명을 계산해 본 적이 있다. 그 결과, 놀랍게도 30년이 채 안 되는 것으로 나타났다. 100년의 역사를 가진 기업들은 어떠할까? 그런 기업들도 마찬가지다. 100년을 지속했다고 해서 그들이 쇠퇴로부터 자유로울 수는 없다. 왜 그럴까? 답은 간단하다. 변하지 않는 조직은 살아남을 수 없기 때문이다. 지금까지 우리가 살펴본 자기창조에 관한 핵심 메시지는 환경변화에 맞추어 자신을 변화시켜야 한다는 것이다.

100년을 유지했고 한때 세상을 주름잡기도 했지만 지금은 쇠락하고 있는 기업이 있다.[30] 우리가 너무나도 잘 알고 있는 제록스다. 제록스의 전신은 1906년에 설립된 핼로이드(Haloid Company)다. 1959년, 제록스는 세계 최초로 전자복사기를 개발하여 신화적 기업이 되었다. 당시 선보인 '제록스 914'는 1979년대 초 새로운 제품으로 대체될 때까지 역사에 기록될 정도로 엄청난 인기를 끌었다. 제록스(Xerox)라는 회사이름이 '복사하다' 라는 의미로 사전에까지 실릴 정도였다.

하지만 오늘날 제록스는 생존 가능성에 의문이 제기될 만큼 미래가 불투명한 기업이 되었다. 복사기의 특허시효가 만료된 후 재빠르게 이 시장에 뛰어든 일본 기업들에게 효과적으로 대처하지 못했기 때문이다. 결과는 2000년 기준으로 3억 8천 400만 달러에 달하는 손실과 170억 달러에 이르는 기업부채로 남았다. 한때 2만 2천 명에 달했던 제록스의

---

29 이하의 내용은 다음의 내용을 수정한 것이다. 이홍(2005), 〈성공적인 혁신을 위해 알아야 할 사항〉, 인재경영, 서울 : 인크루트(주). (http://hr.incruit.com)
30 다음의 책 제1장의 내용을 요약했다. Daft, R. L. (2004), *Organization Theory and Design*(8th ed.), Cincinnati, Ohio : South-Western College Publishing.

식구들도 대폭 정리 해고되었다.

　과연 무엇이 잘못되었을까? 제록스는 하룻밤 사이에 무너진 것이 결코 아니다. 제록스의 쇠퇴는 장기간에 걸친 일련의 변화 실패와 관련 있다. 제록스의 창업자 조 윌슨은 인간 중심과 혁신적인 조직문화를 강조했다. 윌슨 회장의 직원 채용 기준은 분명했다. "우리가 찾는 사람은 위험을 감수하고 새로운 아이디어를 시도하며 자신만의 아이디어를 가지고 있어야 한다. 또한 자신의 업무가 내일 혹은 내년에 바뀐다고 해도 이를 두려워하지 않으며 새로운 사람과 새로운 업무를 환영할 줄 아는 사람이다." 제록스는 아직도 윌슨 회장의 이 말을 인용하고 있지만 그 의미는 이미 오래전에 사라졌다. 제록스에는 오랫동안 치유하지 못한 그들만의 고질병이 있었다. 뷰록스(Burox)라는 병인데, 제록스 특유의 고질적인 관료주의를 빗댄 말이다. 이것이 제록스의 변화를 막았다.

　뷰록스에 의한 위기는 1970년대 초, 제록스의 전자복사기 특허가 만료되면서 나타나기 시작한다. 캐논(Canon)이나 리코(Ricoh)와 같은 일본 기업들이 복사기 시장에 진입하면서이다. 이들은 품질은 제록스를 능가하면서도 가격은 제록스보다 저렴한 제품을 판매했다. 결과는 불 보듯 뻔했다. 제록스의 시장점유율은 95%에서 1982년에는 13%로 줄어들게 된다. 복사기 전쟁에서 절체절명의 위기에 처했지만 제록스의 반응은 매우 엉뚱했다. 사력을 다해 방어하는 것이 아니라 도망을 쳤다. 그것도 한 번도 해본 적이 없는 사업으로 말이다. 1990년, 제록스는 보험과 서비스 사업에 진출하면서 대재앙을 맞게 된다. 그 여파로 제록스의 대차대조표에는 수십억 달러의 부채가 기록되었다.

제록스는 눈물을 더금고 보험과 서비스 사업에서 철수한다. 동시에 회사의 재기를 위해 비용절감과 신제품 개발이라는 혼합전략을 실행했다. 처음에는 디지털 프린터와 신개념의 초고속 디지털 복사기를 출시하면서 재기하는 듯했다. 하지만 새로운 환경에 적응하지 못하면서 다시 무너지기 시작했다. 디지털 시대가 되면서 제록스의 복사기 판매량은 오히려 크게 줄었다. 디지털화로 문서작성과 문서공유는 늘었지만, 인터넷과 이메일의 사용으로 복사의 필요성이 크게 줄어든 것이다.

제록스의 고질적 관료주의를 해결하기 위해 여러 명의 사장이 교체되었다. 하지만 이들은 문제를 해결하기보다는 정치적 알력으로 제록스를 더 깊은 수렁으로 밀어 넣었다. 경영진들은 실패의 원인을 서로의 탓으로 돌렸다. 이들의 정쟁으로 회사는 거의 마비상태가 되었다. 회사를 살리기 위해 혁신의 사명을 띤 새로운 CEO가 영입되었지만, 수구세력의 저항은 상상외로 컸다. 기득권을 지키려는 사람들과 혁신을 원하는 사람들 사이에 대립의 골만 깊어졌다. 20년에 걸친 수차례의 구조조정과 비용절감 노력은 변화에 대한 구성원들의 내성만을 키웠다.

••• 몰락의 원인

도대체 무엇이 제록스를 이 지경으로 몰아넣었을까? 제록스 특유의 관료주의인 뷰록스는 왜 극복되지 못했을까? 이에 대해

몇 가지 이유를 생각해볼 수 있다.

첫째, 과거의 성공이 제록스를 붙잡았다. 아이러니하게도, 뷰록스의 시발은 제록스의 고성장 경험에서 비롯되었다. 과거의 성공이 제록스의 발목을 잡은 것이다. 제록스의 사람들은 기업이 지속적으로 성장하기 위해서는 새로운 히트제품을 출시하거나 복사기 이외의 유관사업에 진출해야 함을 알고 있었다. 하지만 이를 실천에 옮기지 못했다. 공전의 히트를 친 '제록스 914'의 총 수익률 70퍼센트에 사로잡힌 그들에게 이는 쉬운 일이 아니었다.

제록스는 팔로알토 연구소(PARC)라는 세계적인 연구소를 가지고 있었다. PC, 그래픽 사용자 인터페이스, 이더넷(Ethernet), 레이저 프린터 등 컴퓨터 업계의 가장 혁신적인 기술들이 모두 이곳에서 개발되었다. 그러나 제록스의 관리자들은 그들 고유의 관료주의에 가려, 자신들이 개발한 기술의 엄청난 잠재력을 감지하지 못했다. 제록스가 복사기만을 고수하며 변화를 거부하는 동안, 소규모 신생업체들은 팔로알토 연구소의 혁신적 기술을 받아들여 수익성 높은 상품과 서비스를 개발해 냈다. 제록스는 그저 그런 정도로 주가가 유지된다면 어떤 위기가 와도 변하지 않을 기업이라고 제록스를 퇴사한 임원들은 입을 모았다.

둘째, 오직 비용절감에만 매달렸다. 기업이 어려워지면 가장 먼저 생각하는 것이 비용절감이다. 어떻게든 비용을 줄여야 한다고 생각하기 마련이다. 제록스 역시 회사가 어려워지면서 여러 차례에 걸쳐 비용절감을 통한 변화를 시도한다. 하지만 이러한 노력은 총체적 관점에서 진행되지 못했다. 오히려 구성원들의 불만과 변화에 대한 내성만 키우는 결과로 나타났다. 제록스의 우둔함은 팔로알토 연구소를 통해 미래를 지배할 수 있는 혁신적 제품을 개발하고도 이를 알아채지 못했다는 데 있다. 비용절감에만 급급한 나머지 자신들이 무엇을 가지고 있는지를 모른 것이다.

1970년대 일본 기업들의 진입으로 복사기 시장은 치열한 원가 경쟁에 돌입하게 된다. 하지만 제록스는 시장이 어떻게 바뀌고 있는지를 전혀 감지하지 못했다. 공정기술의 개발을 통해 원가를 낮추는 정작 중요한 일은 뒷전으로 미루고 관리비용과 인원감축이라는 주변적인 일에만 관심을 가졌다. 비용절감을 위한 노력이 진행되면서 구성원들의 마음은 황폐해졌다. 충성심은 온데간데없고 회사에 대한 분노만 커졌다.

셋째, 상실의 두려움에 빠져들었다. 변화를 좋아하는 사람은 많지 않다. 아무리 작더라도 변화는 익숙한 것들을 버려야 하는 아픔이 있다. 또 기득권의 일부를 버려야 하는 고통도 준다. 변화를 꾀하는 기업에서는 이런 고통은 감내해야 하는 것으로 받아들여진다. 하지만 제록스에서는 정반대의 상황이 벌어졌다.

1990년대 회사가 어려워지면서 경영자가 교체되었다. 알레어(Paul Allaire) 회장이 물러나고 토먼(Richard Tauman)이 최고경영자 자리에 올랐다. 토먼은 쓰러져가는 IBM을 기사회생시킨 루이스 거스너(Louis Gerstner) 회장의 오른팔이었다. 토먼은 제록스의 과거 영광을 재현할 것이라는 기대를 안고 혁신 CEO로 취임했다. 그러나 취임 13개월 만에 그는 매출과 주가의 하락을 이유로 해고된다.

토먼은 왜 아무런 성과를 내지 못했을까? 제록스를 움직였던 기득권층은 자신들에게 다가오는 손실이 변화로 인한 이익보다 더 크다고 인식했다. 경영권을 둘러싸고 외부인인 토먼 그리고 그를 따르는 소수의 지지자들과 과거의 제록스 방식에 익숙한 알레어와 그를 지지하는 내부세력이 대립했다. 변화로 인한 손실에 민감한 기득권층은 토먼을 오만하고 접근하기 힘든 인물로 간주하고 그의 영향력 행사를 막았다. 토먼은 변화에 대한 기득권층의 상실 두려움을 해소하는 데 실패했던 것이다.

••• 조직의 쇠퇴 단계

이처럼 어처구니없는 일이 제록스에서 벌어진 이유는 또 있다. 자신들에게 다가오는 엄청난 환경변화에도 불구하고 변해야 하는 모든 타이밍을 잃고 있었던 것이다. 쇠퇴하는 조직들의 공통된 현상이다. 조직이 죽어가는 단계를 살펴보면 변화의 시기를 가늠할 수 있다. 가능하면 초기단계에 대응할수록 변화는 수월해진다. 쇠퇴는 대체로 5단계를 거쳐 일어나게 된다.[31] 각 단계 어디서든 변화가 가능하다. 하지만 이 시기를 놓치고 종착역까지 가면 회생불능이다. 몰락하는 조직은 어떤 단계를 거쳐 사라질까?

---

[31] Weitzel, W. and Jonsson, E.(1989), "Decline in Organizations: A Literature Integration and Extension", *Administrative Science Quarterly*, 34(1), 91~109.

1. 무지단계

조직이 쇠퇴해가는 첫 번째 단계는 생존을 위협하는 수준의 내·외부적 환경변화가 나타나는데도 이를 알아채지 못하는 단계다. 시장에서는 고객의 불만이 높은데도 이러한 정보가 제대로 전달되지 못하거나 매우 사소한 것으로 인식되는 경우, 조직 내부의 불만이 극에 달했는데도 이를 눈치채지 못하거나 그냥 넘어가는 경우 등이 여기에 속한다. 환경변화에 민감하게 대응하지 못하고 시간만 보내는 시기가 이 단계다.

제록스의 초기 경우가 여기에 해당된다. '제록스 914'의 성공에 도취되어 시장에 다가오는 이상 징후를 감지하지 못하고 결국 호미로 막을 일을 가래로도 막지 못하는 상황에 이른 것이다. 무지단계를 극복하지 못한 결과다.

2. 무대응단계

조직이 쇠퇴해가는 과정에는 필연적으로 강력한 쇠퇴신호가 켜지게 된다. 성과의 급속한 악화가 여기에 해당된다. 그런데도 쇠퇴하는 조직들은 아무런 조치도 취하지 않고 무대응단계로 진입한다. 이 단계의 가장 큰 특징은 방심이다. 당장은 조금 어렵지만 이번 고비만 넘기면 잘될 것이라는 막연한 생각이 조직 내에 흐른다. 구성원들도 무언가 불안하기는 하지만 설마 망하지는 않을 것이라는 기대감을 갖는다. 결국 가장 중요한 시기에 아무런 조치도 취하지 못하고 때를 놓치는 시기가 이 단계다. 조직의 쇠퇴 가능성을 어느 누구도 인정하지 않고 또 인정하려 들지도 않는다.

3. 오류행동단계

조직이 쇠퇴해가는 세 번째 단계는 잘못된 조치를 취하는 단계다. 조직은 심각한 문제를 겪고 형편없는 성과로 인해 시장의 평가는 최악으로 치닫고 있지만, 잘못된 일련의 조치를 강구하여 붕괴가 가속화되는 단계이다. 이 단계에서는 구성원 모두가 조직이 심각한 상황에 처해 있다는 공통된 인식을 갖게 된다. 강력한 조치가 필요하다는 공감대도 형성된다. 그럼에도 근본적인 변화에 이르지 못하고 잘못된 행동으로 인해 조직은 더 큰 어려움에 빠지게 된다.

제록스는 이 단계에서 두 가지 오류를 저질렀다. 하나는 비용절감 중심의 변화전략을 추구했다는 점과, 다른 하나는 한 번도 해본 적이 없는 새로운 사업에 뛰어들어 시간과 돈 그리고 노력을 허비했다는 점이다. 그 여파로 제록스는 헤어날 수 없는 구렁텅이에 빠지게 된다.

4. 위기단계

조직은 혼란스럽고 구성원들은 공황상태에 빠지면서 네탓 공방만 난무하는 갈등의 시기다. 토먼이 제록스에 영입될 때가 바로 이 시기였다. 그렇다고 이 시기가 극복 불가능한 것은 아니다. 쉽지 않지만, 구성원들의 의지에 따라 얼마든지 위기를 극복할 수 있다. 만연해 있는 구성원들의 내부갈등을 봉합하고 새로운 비전과 전략을 실행할 수 있다면 조직의 회생이 얼마든지 가능하다. 불행히도, 제록스는 이것을 실행하지 못했다.

5. 해체단계

쇠퇴하는 조직의 마지막은 해체되는 단계다. 이 단계에서는 조직의 회생이 거의 불가능하다. 조직은 시장과 과거의 명성 그리고 구성원들을 모두 잃게 된다. 그리고 역사에서 사라져간다.

이제 글을 마무리하려고 한다. 관세청이라는 조직을 중심으로 자기창조에 관한 긴 여정을 걸어왔다. 여기서 한 가지 잊지 말아야 할 것이 있다. 관세청은 극심한 경쟁에 시달려 망할지도 모르는 기업 조직이 아니라는 점이다. 관세청은 막강한 힘을 가진 정부 조직이고 독점적인 서비스를 제공하는 기관이다. 한마디로, 아쉬울 것이 없는 조직이다. 그런데도 이 조직이 변화를 시도했다. 그 출발은 자신에 대한 예리한 갭 인식과 성찰이었다. 왜 갭 인식과 자기성찰이 중요한가? 성찰하는 조직은 쇠퇴하는 조직의 무지단계를 극복할 수 있기 때문이다.

우리는 관세청을 통해 어떻게 성찰하고 어떻게 자기를 창조해가는지를 관찰할 수 있었다. 정부부처라는 한계에도 불구하도 어떤 일류기업 못지않은 변화를 이루어냈다. 관세청이 사용한 변화 도구들은 기업에서는 이미 오래전에 사용되었거나 사용되고 있는 것들이었다. 도구를 잘 쓴다고 자기창조를 잘하는 것은 아니다. 자기창조의 핵심은 자기를 변화시켜가는 과정과 이를 반복하는 체계를 구축하는 데 있다. 그것을 배워보자는 것이 내가 글을 쓴 목적이다. 한국의 모든 조직들이 자기창조의 길로 들어섰으면 하는 바람을 가지면서.